JN025430

『法学テキストの読み方』訂正（2020年7月）

52頁　階層型の並列関係

1行目前正

（誤）大きな並列関係…及び　　小さな並列関係…並びに

↓

（正）大きな並列関係…並びに　　小さな並列関係…及び

2行目前正

（誤）（A and B）and C

↓

（正）A and （B and C）

法学テキストの読み方

大橋洋一

有斐閣

第1部　テキストを手にとってみよう

第2部　テキストを開いてみよう

■ 法律学の特徴を理解しよう

第3部　テキストの読み方のヒント

■ テキスト活用のテクニック

第 4 部　一歩先の学習へ

■ 社会とつながる

■ 真の実力を求めて

中扉イラスト：鈴木ヒロキ

第1部

テキストを手にとってみよう

大学のテキストは，高校までの教科書とどこが違うのですか？

A answer 一言でいえば，大学で使用するテキストは書かれている内容について，**自由度が高い**ということです。みなさんがすでに経験しているように，高校までの教科書は，世界史など複数の会社から出版されていますが，扱われている内容はおおむね同じであったと思います。その理由はいろいろです。たとえば，国による教科書検定のしくみがあり，学習指導要領によって学ぶ内容があらかじめ決められています。この背景には，全国の高校で，一定のレベルまで生徒が理解できるようにしたいという考え方があって，一律性が重視されたのです。これと比べると，大学で使うテキストには同様のしくみや規制は存在しません。大学のテキストは自由です。大学の教員は，教育者であると同時に研究者でもありますから，研究の成果に立脚して，自己の見解なり考え方を打ち出して講義をしたりテキストを執筆したりしています。これは，**学問の自由**が憲法で保障されていることの表れでもあります。大学で使うテキストが内容について自由であるということは，別のいい方をしますと，**それぞれのテキストが個性をもっている**ということです。高校までは決まった教科書が必ず配布されるか購入され，選択の自由が存在しなかったのに対し，大学のテキストは選択および購

入について利用者に自由が認められています。

　もちろん，大学のテキストであっても，各種国家試験の対象となっている科目（憲法，民法，刑法などが代表例です）では，そうした試験を意識して大学のカリキュラムが整備されているのが一般的です。それに対応して，テキストも標準的内容を盛り込んでいます。したがって，そのぶんだけ，それぞれのテキスト間の違いは小さくなっています。また，テキストの著者である大学の先生は，他の大学の先生方も利用することを考えて執筆していますから，そうした利用の便宜を考えて，独自のカラーを少し抑制することもあります。

　高校までは，上記のように生徒全員が同じ教科書を利用していました。大学でも，同じように1つのテキストだけを教科書として指定して講義を進める先生がいます。この場合には，講義でそのテキストを参照する機会が多いので，その本を購入して持参することが，講義の理解につながります。他方で，担当の先生の方針によっては，複数のテキストが教科書指定されることや，参考書が紹介されることもあります。これは，先生がお薦めの数種類のテキストについて購入ガイダンスとして情報提供する一方で，その範囲内で受講生の好みに合わせた選択を認め，予習や復習での活用に期待する趣旨です。こうした場合には，テキストとして指定された本は必ず1冊は購入する必要があります。他方で，参考書として指定された書籍は，興味がある限りで目を通してほしいといった推薦図書と考えて下さい。

インターネットで調べれば足りるから,
テキストは買わなくてもいいですね?

A
answer
わからない用語が出てきたときに,インターネットを利用して,必要なデータを調べることができるのは,とても便利です。読者のみなさんも,Googleで検索するとか,Wikipediaなどを参照した経験があると思います。こうした経験から,大学に入学した学生の中には,「インターネット検索で充分なのだから,わざわざテキストを買うまでもない」と考える人がみられます。質問は,こうした趣旨であると思われます。しかし,大学で学んだ先輩としてアドバイスするならば,**テキストは必ず購入すべきです**。その理由としては,さまざまなものがあります。インターネット記事とテキストを比較して説明したいと思います。

1つには,**テキストは時間をかけてていねいに作成されている**ということです。出版の企画から始まり,著者は何度も推敲を重ね,同時に編集者と内容や体裁に至るまで詳細な打ち合わせを経て作成します。また,改訂を重ねているテキストの場合には,改訂のたびに改善を図って,正確性や完成度を高めています。著者は内容に関し責任を負っているために,(匿名の記事や情報提供と比べて)内容の正確性にいっそう配慮しているのです(もちろん,著者も人間ですから,誤字等はどうしても避け

られません）。

　2つには，**テキストの記述は内容が深い**ということができます。著者は，大学などにおける講義経験を背景に，研究者として培った専門的能力や研究の蓄積を基礎に執筆していますから，内容をよく理解したうえで書いています。私の経験でも，**わかった人から教えてもらうと理解しやすい**と思いました。これは，学習にあたって重要な点です。自分でよくわかっている事がらは，不思議と平易に他者に説明することができるものです。

　3つには，研究者は理論に関心があります。法律学でいえば，どうしてそういう結論になるのかを，順を追ってていねいに説明することに力点を置きます。その結果，記述は深いものになります。

　以上に対し，インターネットは便利なのですが，検索を繰り返しても，そのわりには理解が深まらないという経験をした人もいるかもしれません。新聞記事の検索などで，こうした感想をしばしばもちます。インターネット検索は個別知識を並列的に取得することには成果を上げますが，深掘りには向いていません。くわえて，インターネット上の情報は玉石混淆ですから，受け手には情報の質を疑う姿勢が要求されます（これを「**情報リテラシーが求められる**」といいます）。

■ 一歩先へ

　テキストの効用について，もう少し掘り下げて説明をしたいと思います。情報を取得するという場合に，2つの事がらを区

別することが重要です。1つには，社会のあちこちで日々生成しては消えていく各種情報を把握するという側面です。これを**フローの情報取得**とよぶことができます。2つには，各種情報を整理して体系の中に位置づけ，理解するという側面です。これを**ストック情報の体系的理解**とよぶことができます。

　たしかに，変動の激しい現代社会では，フローとしての情報を取得する能力は重要です。この場面ではインターネット上の情報収集は，大きな助けになります。しかし，こうした情報は生成を絶えず繰り返していますので，これを追いかけるだけでは，結局，振り回されて終わってしまいます。断片的な知識を大量に保有しても，理解が深まることにはつながりません。

　これに対して，**情報を体系的に位置づけて理解する能力は，大学生の時代に高めておくべきものです**（どの科目でその訓練をするかは，二次的な問題です）。こうした体系的理解は，生涯にわたって，新しい現象に対応して自分なりの考えを築くうえで基礎となるものです。体系は，個々の理論や制度をバラバラの情報として並列してとらえることにとどまらない点に特徴があります。体系においては，当該科目を指導する基本原理や理念・指針を最上位に置き，その下に個々の理論にみられる共通性に着目して，いくつかのグループに整理した中間的理論が設けられます。こうした階層図を描くことによって，個々の理論の位置づけや個々の理論相互の結びつき（関係）が明らかにされます。こうした大きな見取り図があると，これを参照することによって，新しく登場した問題の把握や扱い方についてヒントを

得たり独自の疑問をもつことが可能になります（Q11も参照）。

　法律学は長い時間をかけて，こうした体系を構築してきた伝統的科目です。現代でも，法律学は時代に合わせた修正を繰り返しながら，その体系性を大切にしています。体系に基づく理解は，インターネット検索では決して培うことができません。法律学の修得のためには，時間をかけて形成された法律学の体系を学び，理解を深めることが不可欠です。こうした体系に基づいた学習を支えるのが，法学テキストの重要な役割です。

　私が大学で法律学の勉強を始めてから，早いもので40年が経ちます。大学生当時に学んだ情報それ自体は，すでに古くなってしまいました。現在ではおそらくは半分も役立たないように思います。フローの情報取得に頼っていると，こういった結末となります。これに対して，法学テキストを基に培った体系的理解や体系に位置づけて考えるという視点は，現在でも古びることなく，問題の発見や疑問の提示，解法の探究といったさまざまな局面で大きな支えになっています。これは研究活動に限定した話ではなく，社会生活を送るうえでも，体系的な考え方はバランスのとれた合理的で説得力のある判断を導くことを可能にします。こうして身につけた体系的思考が，困ったときに立ち返る原点となっているのです。

Q | 03
question

テキストを使っての勉強は定期試験に
役立ちますか？

A これは，ずいぶんと実益を重視した質問ですね。毎年
answer 多くの講義を担当していますが，受講生を見ていますと，**優れた成績を修めている学生はテキストをうまく活用しています**。その理由について，少し考えることとしましょう。

　大学では講義の進め方について，その順番をあらかじめ示した授業計画が示されるのが一般的です（これは**シラバス**とよばれます）。シラバスを利用すれば，受講生は効率的に予習を進めることができます。予習のメリットは，事前におおよその理解を得たうえで講義に臨めるため，講義の理解が深まる点に認められます。こうした**予習の段階でテキストを活用することにより，疑問をもって講義に参加すること**が可能になります。特定の事項について疑問な点を発見することができたら，それは大きな前進です。

　疑問を見つけることは，理解に向けて知的活動を活性化する，願ってもないチャンスです。疑問をもつことで，講義を集中して聴くモチベーションが高まりますし，疑問が解消して理解することができれば，強い印象と共に記憶に定着します。それでもなお，講義の最後まで疑問が解消しなければ，思い切って先生に質問してみましょう（**Q26**参照）。いっそう積極的に学習

する契機となります。

　また，講義でとったノートを基に復習する際にも，テキストはさまざまな場面で補足の機能を果たしてくれます。大学の講義ではどうしても時間的な制約がありますので，重要な箇所の説明に時間が割かれ，省略される箇所は必ず発生します。結局，その部分は受講生の自学自習に委ねられますが，こうした局面でテキストが頼りになるのです。

　講義とテキストが異なった性格をもつ点にも注目してほしいと思います（くわしくは，Q5参照）。**口頭で重要部分に力を入れて，かみ砕いて説明がなされる講義と，文章でていねいかつ正確に叙述されるテキストとでは性格を異にする点が重要です。**こうした差異のおかげで，学習者は複数の異なった観点から学習する機会に恵まれるのです。

Q | 04
question

予備校本ではだめですか？

A answer 各種国家試験や公務員試験の準備のために，法律科目を対象とした予備校が発展してきました。そこではこれらの試験に焦点を合わせて，受験準備に特化した授業が提供されます。そこで用いられる教材は，予備校のほか，書店でも販売されています。質問にある予備校本とは，こうした予備校教材を指すものと思います。

　経験豊かな講師が熱心に授業に取り組み，試験に特化して執筆された教材は，大学で用いられるテキストと比べ，一般に，初学者に対する配慮が払われているといわれています。具体的にいいますと，簡潔でわかりやすく，レイアウトに工夫がこらされている（＝ぱっと見て理解しやすい）点，キーワードを中心に論点が整理されている点などが，メリットとして挙げられます。とくに，頻繁に試験に出るところに焦点を当てて扱う内容の取捨選択がなされている点，重点項目がランクづけされている点で，効率性を重視する学生には魅力ある教材となっているようです。

　こうした教材は，ある程度学習が進んだ学生が，試験対策のまとめとして，いわばサブノートの用途で用いるのには有用だと思います（実際に，予備校の教材をノート替わりに利用してい

る学生を見かけます）。他方で，初学者が学習の始めから，こうした教材を「最低限の知識習得」を目的として利用することには，賛成できません。少しくわしく説明します。

　2019年度に，東京大学の法科大学院で教える機会がありました。その際に，予備校本について，受講生の意見を聞いてみました。上記のようなメリットが挙げられた反面で，予備校本のデメリットについても的確に認識していた点は，興味深いところでした。予備校本のデメリットとして，結論だけを示したものが多いこと，結論を箇条書きしたスタイルのため解説や情報量が少ないこと，個々の情報が分断されているため読み進めるのに困難を感じることが語られていたのです。このほかにも，研究者が執筆したテキストと比較した特色として，予備校本には著者の情熱を感じない，内容がつまらない，深い理解に達することができない，正確性で劣るといった感想も寄せられました。同様の指摘として，予備校本では最新の議論が紹介されていない点に不満を述べる学生もみられました。

　ここに紹介した感想は，予備校本のもつ特徴を的確に把握しているように思います。なかでも，結論に至る理由づけの部分が弱いという点については，利用する人は充分に意識してほしいと思います。

　法律学の力量をつけるためには，**理由づけを考えるための時間をゆったりともつことが最も大切**です。初学者が，必要最小限の知識をなるべく短期間に習得したいとあせりに駆られて，考えるプロセスを省略してしまうのは，もったいない限りです。

分断した知識は，いくら積み重ねて総量を増やしても，自信にはつながらないと思います。理由づけを厚くするように努力する勉強法こそが，実際には，各種国家試験や公務員試験の対策として最も効果を発揮するものです。この点について，少しくわしく説明したいと思います。

　各種国家試験では，実務家として将来活躍できる実力を備えているかを見るために，現実に即した設問や事例を素材にした出題が心がけられています。私も司法試験や予備試験，国家公務員試験などで試験委員を経験してきましたが，自信をもっていえることは，（司法試験の論文式試験問題のように相当凝った出題がなされる場合であっても）**試験で出される事例問題は，単純化された仮想事例であり，箱庭の中での設問にすぎない**ということです。これは，試験時間の制約などで仕方のない現象です。

　これに対して，みなさんが社会に出て遭遇する問題は，いっそう新規性が高く，複雑な応用問題です。そこでは，既存の知識を要約して暗記することや，手あかのついた知識を検索してアウトプットするだけでは対応できません（こうした作業は，今後はいっそう，AIに委ねられていくものと思われます）。みなさんが責任ある立場に置かれれば置かれるほど，新規課題や応用課題について，問題点や疑問点を発見することや，基本的な考え方に沿って自分の頭で解法を粘り強く考えることが要求されます。そのための基礎は，上で述べたような理由づけを学ぶ過程からしか，身につけることができないのです。

　目の前に大学に入学したばかりの学生が現れた場合に，私は，

習得すべき知識の総量は最低限でいいから，ていねいに順序立てて説明するよう心がけること，説明する相手に理解できるように平易でこなれた日本語で説明する練習を積むこと，自分が行った判断（利益の衡量）において重視した観点と賛同できなかった見解について具体的に説明する機会をもつことをアドバイスします。こうした学習は，テキストを用いた真摯な読書を通して実施可能なものなのです。

　テキストの学習をおおよそ済ませた学習者には，次のステップとして，予備校の教材を整理に使うのではなく，本格的な体系書なり論文を読んでほしいと思います（Q29 参照）。**少し高いレベルに自分を置くことにより，基礎的事項の理解を深めることが学習の秘訣です。**古くから，大学で演習が重視されてきたのも，こうした理由に基づくのです。

Q | 05

question

講義ではくわしいレジュメが配られるから，
テキストはいらないですね？

A 講義担当の先生が配布されるプリント（レジュメといanswer います）も，先生や科目により，その分量や内容の詳細度はさまざまです。結論を先にいえば，そうしたレジュメはたしかに有用ですが，テキストの代替にはなりません。私も講義では詳細なレジュメを大量に配ったこともありますが，あくまでも，テキストを指定したうえでの配布でした。以下では，レジュメがテキストの代替にならない理由について説明します。

レジュメは，講義の説明を補う性格のものが多いように思います。レジュメでは，図表や絵が活用されているほか，学説や過去に出された裁判例（以下，本書では判例と記します）の一部が抜粋されています。担当の先生の見解も要約されています。文章を書き連ねるスタイルよりはむしろ，キーワードを列挙するなど，サブノートのような体裁をとって，講義の基本的骨格を示すものが多いように思います。このように，**レジュメは講義の一部をなすものです**。そこで，以下では講義とテキストの違いについて考えてみたいと思います。

講義では，口頭で担当教員により説明がなされることから，受講生は五感を使って学習することが可能です。つまり，受講生は，視覚だけではなく，聴覚を活用できるほか，教室の雰囲気を体

感しながら学習することができるのです（ライブ感覚が満載です）。みなさんも経験があると思いますが，担当教員の声の音量や音程が上がった，同じ事項の説明が繰り返される，学生の理解を確認することに時間が割かれるといった兆候から，「この事項はきっと重要項目なのだろう」と推察することができます。他方，教員は，基本事項を説明する際には，まず輪郭を把握してほしいと考えるために，十中八九あてはまるのであれば（あえて）断定して述べるなど，割り切って説明することがあります。教育上の配慮から，細かな例外はあえて捨象するのです。このように，**講義は重点項目特化型であり，割り切り型です。**受講生の印象に強く残る学習効果を，教員は期待しているのです。

　もっとも，重要項目をていねいに説明する講義スタイルは時間を要するため，限られた講義時間の中では，どうしてもピンポイントにとどまり，全ての項目について言及することはできません。他方で，テキストは文章で説明がなされますから，記述は正確で，慎重を期して例外も書かれています。くわえて，重要事項以外の項目にもていねいに目配りがされて，説明が尽くされていることが多いのです。学習者は，**テキストを用いることで，ゆったりと細部に至るまで，正確な理解にこだわった学習が可能となります。**法律学の学習にあたっても，学習者は，こうした講義の特性とテキストの特色を充分に理解したうえで，両者の長所を活用すべきです。

　一方，レジュメは講義の一環でありながら，テキストのもつ

特性を採り入れようと試みたものです。上で述べた講義とテキストとの対比でいえば，両者の中間的性格のものであるということができます。しかし，**レジュメはテキストに代替するまでの詳細度や正確性はもちあわせていません**。私自身，配布したレジュメを基にテキストの執筆を行った経験がありますが，レジュメにくらべ説明の正確性確保にいっそう注意を払いましたし，扱う項目や資料も，レジュメ作成時から大幅に補充せざるをえなかったのです。

Column　テキストの隠し味

　ここまで，テキストがていねいに時間をかけて作成されることを説明してきました。私の専攻科目で，1つの例を挙げたいと思います。

　原田尚彦先生のテキスト（『行政法要論〔全訂第7版（補訂2版）〕』（学陽書房・2012年））は，新しい雰囲気に満ちていることに加え，わかりやすい語り口が好評で，長らくベストセラーの地位にありました。このテキストは，自治大学校（地方公務員のための中央研修施設で，東京都立川市にあります）で使用する簡易な教材から出発して，時間をかけて定評あるテキストへと完成度を高めていったものです。私が大学院に入学した当初，原田先生からハルトムート・マウラーというドイツ人の先生の行政法テキストの講読を指導していただきました（Hartmut Maurer, Allgemeines Verwaltungsrecht）。当時，この本に注目していた日本人研究者はほとんどいなかったように思います。原田先生のテキストを見ますと，ドイツ語文献もマウラー先生のテキストの引用も見当たりません。しかし，原田先生

はテキストの改訂を続ける過程で，ドイツのテキストにも眼を光ら
せて，その成果をご自身の著作にていねいに活かしておられたのです。こうした努力が隠し味となって，多くの読者を原田テキストに
引きつけたように思います。マウラー先生のテキストは，その後，
ドイツでベストセラーとなり，19版に至るまで広く読者に迎えら
れました（19版からは他の先生の補訂版になっています）。

　マウラー先生は，現役のときはコンスタンツ大学の図書館でご自
身で熱心に文献を探索されていて，私もその姿を見かけたことがあ
ります。本当に堅実で勤勉な先生です。ドイツと日本で，著者によ
る真摯な取り組みが広範な読者をとらえた一コマです。

テキストはどこで買えますか？

A 自分が住んでいる**街の大きな書店**にいけば，法律書の
answer コーナーに，多くの法学テキストが並べられています。
ジュンク堂，紀伊國屋書店などのほか，地方都市でも地元の大
きな書店で見つけられると思います。大学生であれば，通って
いる**大学の生協**や**大学構内の書店**において，講義で教科書指定
された本を中心に，法学テキストが各種並べられているものと
思います。こうした**実店舗のいいところは，テキストを直接手に
とって見ることができる点**にあります。同じ用語や項目につい
て複数のテキストを読み比べることもできますし，著者の採用
する体系，設例の多寡，文献や判例・条文の引用状況といった
内容面のほか，本の大きさや頁数，価格，レイアウト，紙の質，
ソフトカバーかハードカバーかなど，じっくりと比較すること
ができます。また，店員の方に「どのテキストがよく売れてい
ますか」などと質問することや，自分の目的や希望を伝えてお
薦め情報を得ることも可能です。

近くに大きな書店が存在しないとか，必ずしも品揃えが充分
でない場合であっても，**インターネットでテキストを購入する
ことが可能です**。Amazon，楽天ブックスのほか，実店舗をも
つ上記の大手書店のなかにはインターネットで注文を受け付け

ているところもみられます。**オンラインでの購入の場合，家に
いながらにして購入できる点で便利です。**もっとも，実店舗の
ように直接手にとって比較することができない点で不便なのも
事実です。ここでは，評判や売上げランキングなどを参考にし
て目星をつけることは可能ですが，自分にとってフィットする
かを直接に確認する機会は重要です。

　在校生であれば，近くに大きな書店がないとしても，通って
いる大学の図書館で主だった法学テキストを手にとることをお
勧めします。とりわけ，代表的な書籍は開架して，比較的目に
つきやすいところに並べられているのが一般的です。図書館の
相談窓口で，所在を聞いてみて下さい。他方，学生でない場合
は，近くの公立図書館等で法学テキストを手にとることができ
るか，試みて下さい。このようにして手にとった後で，お目当
てのテキストが決まれば，注文はインターネットで行うのもい
いと思います。

　なお，**定評のある法学テキストは，数年単位で改訂がなされて
います。**この点に，注目して下さい。第2版，第3版と改訂が
繰り返されていることは，定評がある証拠ですし，改訂の過程
で誤字等の修正や叙述の正確性の見直しが図られている点で，
安心感があります。書店では最新版が並べられていますが，イ
ンターネットでは古い版も販売されています。価格だけからい
いますと，同じテキストでも，1つ版が古くなるだけでずいぶ
んと安く買うことができます。こうしたこともあって，受講生
のなかには，古い版で充分と考えて旧版を持参し，これで勉強

を進める人が時折見られます。

　結論を先にいうと，**法学テキストは最新版を求めるべきです。**とくに，大学の講義で教科書指定されている場合には，旧版を利用していると，講義で先生がテキストを参照するたびに頁が合わず該当箇所を探せなくて戸惑うことになります。

　法学テキストを1冊読み通すのは，それなりの時間を要するものです。貴重な時間の多くを割いて学んでいるのに，学習の中心となるテキストについて，わざわざ旧版を買って古い情報に基づいて学習するのは，コスト・パーフォーマンスが悪すぎます。新しい版では，最新の判例が解説されていますし，新しく制定された法律や改正された法律への対応もなされています。いまは激動する社会経済の状況を反映して法律が頻繁かつ大規模に改廃される「立法の時代」ですから，基本的な法律を含め，法令の改正はしばしば行われています。各種国家試験や定期試験などでは，学習者の勉強の度合いを見る目的で，新しい法令の動向について問う出題がされることは，よく見られるところです。古いテキストを利用していたのでは対応できません。

　テキストを執筆した経験を基にいいますと，相当の準備とエネルギーをかけて改訂を行っています。旧版で発見した誤字や(講義時に学生から指摘を受けた)わかりにくい解説部分などは，改訂の機会を利用して，随時改良に努めているのです。テキストの著者を代表して，声を大にしてお伝えします。**アップツーデートされた最新版を手にしないのは，情報喪失が大きく，学習効果を低める点で本当にもったいないことです。**

書店を訪ねてみよう

大規模書店の例

　（東京都内）

紀伊國屋書店　新宿本店

ジュンク堂書店　池袋本店

丸善　丸の内本店

三省堂書店　神保町本店

八重洲ブックセンター　本店

　（関　西）

紀伊国屋書店　梅田本店

ジュンク堂書店　大阪本店・難波店・三宮店

丸善　京都本店

インターネット書店の例

成文堂　http://www.seibundoh.co.jp/shoten/

至誠堂　https://ssl.shiseido-shoten.co.jp/

honto　https://honto.jp/

amazon　https://www.amazon.co.jp

法律出版社ホームページの例

有斐閣　http://www.yuhikaku.co.jp/

弘文堂　https://www.koubundou.co.jp/

岩波書店　https://www.iwanami.co.jp/

日本評論社　https://www.nippyo.co.jp/

法律文化社　https://www.hou-bun.com/

やさしそうなものから難しそうなものまで，テキストには多くの種類があるのはなぜですか？

A 法律学は主に大学に入ってから学びますが，それぞれ
answer の科目を学習する目的は，人によってさまざまです。
法学テキストは，学習者の多様な要望に応える形で，複数種類
のものが出版されています。

法学テキストの種類分けについて厳密な基準があるわけでは
ありませんが，おおよそ3つの区分が存在します。すなわち，
平易な語り口でシンプルに書かれた入門書がある一方で，高度
な理論内容を含む重厚な書物として体系書が存在し，その中間
に多くの標準的テキスト（これは基本書とか概説書とよばれる
こともあります）が位置しているのです。

入門書は，初学者が学習の途中でつまずかないように，とく
に配慮して書かれている点に特色があります。一般的な特徴と
して，**入門書は，ポイントを要領よく示すほか，基本的事項に重
点を置くなど，容易に読み進められるような工夫を凝らしていま
す**。新聞やテレビのニュースなどを素材に，その背景について，
法律学の知識をもって説明するタイプの入門書も見られます。
入門書を利用する場面として，3つのものがあるように思いま
す。1つは，各種国家試験や公務員試験をとくに受験するわけ
ではなく，当該科目の基礎を押さえられれば足りると考える場

合です。2つは，ある科目の輪郭をつかんだうえで，引き続きくわしいテキストを読み進めるなど，いわば最初のステップとして用いる場合です。たとえば，米倉明先生の『プレップ民法〔第5版〕』（弘文堂・2018）は，入門書のレベルを超える内容ですが，民法の財産法についての優れたガイダンスとして定評がある本です。また，法律学の学習への導入という目的をもつ点（いわば入門の入門）では，一般向けの書籍ですが，岩波書店が刊行している岩波新書に多数，適したものが見られます。二宮周平先生の『家族と法──個人化と多様化の中で』（岩波書店・2007）などは，優れた家族法への導きとなります。以上の2つが，入門書を利用するパターンとしては多いように思います。このほかにも，3つめとして，（民法，商法，民事訴訟法などを総称した）民事法，（刑法，刑事訴訟法などを総称した）刑事法といった比較的広い分野の全体像を把握しようとする場合です。これは，後に個別科目のテキストを読む計画のもとで利用されることがあります。

　法学テキストの多くは，スタンダードな内容であることをめざして書かれた標準的テキストであり，代表的な判例や最新の法令改正にも対応しています。こうしたテキストは，初学者にとって敷居が高いというわけではありません（入門書のように，初学者を主なターゲットとして書かれていないというだけのことです）。別のいい方をしますと，多くのテキストは，初学者から上級者までが広く利用できるように執筆されています。初学者が学習の最初から標準的テキストを用いることは，よく見ら

れる光景です。標準的テキストは一般に，基礎的な考え方から応用問題までわかりやすく説くことをめざして，各種国家試験や公務員試験の準備にも対応できるように作成されています。大学の専門科目の講義において指定されるテキストは，多くの場合，標準的テキストから選定されているように思います。もっとも，こうしたテキストも，詳細度，頁数，学術的水準などは，さまざまです。たとえば，中田裕康先生の『債権総論〔第3版〕』（岩波書店・2013年）や『契約法』（有斐閣・2017年）は，ていねいに時間をかけて執筆された代表的な概説書であり，次に述べる体系書にも位置づけられるものです。

　テキストのなかでも，著者の研究実績を基礎としてほぼ全ての事項にわたって理論的説明がなされ，注がていねいに付されているなど文献引用が尽くされ（Q20参照），研究者や実務家からも利用されるほど水準の高い，その時代の学界の到達点を

理解度に応じた段階的学習（民法 債権総論篇）

示す書籍を**体系書**とよぶことがあります。たとえば，塩野宏先生の『行政法Ⅰ〜Ⅲ』（有斐閣・Ⅰ〔第6版〕2015年・Ⅱ〔第6版〕2019年・Ⅲ〔第4版〕2012年）などは，行政法の伝統的理論を変革し，今日の学術水準へと導いた代表的体系書です。

　学部生であっても，得意科目などは体系書を利用することで，学力をいっそう伸ばすことができます。演習での活用もお勧めします。

Q | 08
question

早く読めるから，
うすいテキストがお薦めですね？

A
answer 　初学者は，できるだけ早く成果を収めたいと思いがちです。そうした願望をもっているときに，スリムなテキストが目の前に現れると，「これだったら早く読み終わることができるし，これでマスターできるならば最高！」と思わずにはいられません。**うすいテキストは魅力にあふれています。** 入門書として，最初に特定科目の全体を見渡したいという目的であれば，うすいテキストは好適です。細かな点はあまり気にしないで，比較的短期間のうちにざっと読み通して下さい。全体的な雰囲気を把握するのには充分な利用価値があります。しかし，（半年以上の学習期間を想定してじっくり学習する場合など）学習の中心となるテキストを選ぶ場合には，頁数には重点を置かないほうがよいと思います。その理由は，**テキストがうすいからといって，早く読み終えることができるとは限らないからです。**

　意味不明な発言のように思うかもしれませんが，私自身が学生時代に経験したことです。テキストがうすいということは，それだけ説明が簡略化されていたり，省かれているということです。そのために，ある説明から次の説明へのつながりが理解できない，なぜ著者の説くような帰結になるのか理解できない

といったことが起こります（これをさして，**行間を追えない**といったりします）。行間を追えないがために，同じ頁と何時間もにらめっこすることになります。その結果，時間ばかりが経ち，一向に先に進めなくなることもあります。

　2019年度に東京大学や学習院大学で行ったアンケート結果を見ても，**実際に学生がテキスト利用で最も困っていることは，テキストの行間を追えないことです**。私も学生時代に，民法の講義で教科書指定されたスリムなテキストで行間を追うことができず，途方に暮れて，図書館で我妻栄先生のテキスト（岩波書店から出版されていた『民法講義』というシリーズの1冊です）を手にとって，理解できなかった箇所を読んでみました。我妻先生の本は講義指定のものよりも数倍もボリュームがある本でした。しかし，読んでみると，平易な解説が尽くされていて，まるで祖父に縁側で物語を語ってもらっているような心持ちで，自然と理解が進みました。こうした経験からいいますと，**じっくり学習するためのテキストは行間を追うことができることがポイント**です。急がば回れということもあるのです。

テキストの厚さ比べ！（民事訴訟法篇）

法律学を勉強し始めて難しいのは，抽象的な概念や理論が次々に出てきて，理解が追いつかずに，学習がつらくなることです。こうした場合の**学習のコツは，具体的な事例に当てはめながら，抽象的概念や理論を理解していくという方法です**（Q15参照）。近時のテキストでは，こうした方法を重視して，重要な用語や法理について，ケースや事例を挙げながら説明する工夫を凝らしたものが登場しています。従来型のテキストに演習書の機能をプラスした性格の書籍ということができます。そのぶん，どうしても厚くなりますが，厚さにばかり注目するのではなく，こうしたメリットにも注目して下さい（前頁の写真の3冊のテキストは，いずれも行間を追うことに配慮された定評あるものです）。

▌テキスト利用における悩み

　上記の東京大学や学習院大学で行ったアンケートで「テキストを読んでいて最も困難を感じるのはいつか」を聞きました。最も多かったものが，「論理の飛躍があり，話についていけないとき」という回答でした。「結論のみ書かれている」とか，「理由付けが乏しい」，「ロジックに飛躍を感じて，論理構成を把握できない」，「条文から結論への帰結について論証が不明」といった意見が多く聞かれました。これらは，「行間を追えない」といったことと同じ趣旨です。このように，過去も現在も，学生がテキストで最も苦労しているのは，行間を追うことができないという問題です。

Q | 09
question

複数の著者によるテキストが
豪華だと思うのですが？

A 法学テキストには，1人で書かれたテキスト（これを
answer 単著といいます）のほかに，複数の著者が共同して執
筆したテキスト（これを共著といいます）があります。どちら
が優れていると断定することはできません。それぞれに，メリ
ットとデメリットがあるからです。それらをよく理解したうえ
で利用することが大切です。

単著では，著者の語り口や説明方法，目のつけどころや考え方
に共感できる部分が多い場合には，最初から最後までその著者の
執筆スタイルを満喫して学習することができます。好きな歌手の
ソロ・コンサート，ひいきの落語家の独演会に行くような感覚
で，法律学の学習を楽しむことができます。単著では，著者が
ストレートにその個性を発揮することが容易です。また，出版
社が単著テキストを計画するときは，学界で定評がある先生，
注目を集めている先生に執筆依頼する場合が多いようです。こ
うした先生方は筆力がありますので，安心して読み進むことが
できます。

他方，共著では，複数の先生が得意な分野を受け持って，それ
ぞれが綿密に打ち合わせをして執筆することにより，魅力的なテ
キストに仕上がることが期待できます。共著の場合，執筆分担

ごとに著者が入れ替わりますから，説明の雰囲気やトーンは当然ながら変わります。それも気分転換になって新鮮だと楽しめる場合には，これもメリットになります。大学の教員はそれぞれ個性がありますし，独自のカラーを出すことに生き甲斐を感じている人が多いので，共著の場合の執筆打ち合わせはとても大切です。これがていねいに行われて作られたテキストと，決められた執筆分担箇所を各自が好きなように書いたテキストとでは，同じ共著といっても完成度は全く異なります。

　共著の中で名著として有名なものに，野中俊彦先生，中村睦男先生，高橋和之先生，高見勝利先生が執筆された『憲法Ⅰ・Ⅱ』（有斐閣）があります（両書は 2012 年の第 5 版まで版を重ね，「4 人組」とよばれたりしました）。安定した筆致もさることながら，各先生が積み重ねられた研究を基礎にして書かれていることが，テキストの行間にあふれ出ている作品です。

単著と共著（憲法篇）

紙媒体のテキストって，古くさくないですか？

A answer　2019年度は，講義担当予定の先生が最高裁判事に就任されたことから，東京大学の法科大学院で非常勤講師をする機会に恵まれました。その結果，同じ科目を同じ学期に東京大学と学習院大学で講義することになりました。面白かったのは，受講生の受講スタイルが異なることでした。

　学習院では，ほぼ全員が紙のテキストを講義に持参していました。質問に来る学生のテキストには，色とりどりのラインマーカーで線が引かれ，ノートさながらに多くの書き込みが見られました。私の学生時代と同じ風景です。

　これに対し，東大では，もちろん紙のテキストを持参する学生も見られましたが，このほかに，パソコンの画面を見ながら受講する学生やタブレット片手に質問に訪れる学生が多数見られました。学生に聞いてみますと，こうした電子媒体派にも，2つのグループがあるようです。一方は，出版社が紙のテキストと同時に販売している電子版テキストをパソコンやタブレットに入れて持参しているグループです。もう一方は，紙のテキストを購入後に自分でPDFファイルに変換して，パソコンやタブレットに保存しているグループです。学習のスタイルもずいぶん多彩になったものです。

紙のテキストと電子版テキストは，それぞれにメリットとデメリットがありますから，両者の違いを理解しておくことが大切です。決して，一方が新しくて，他方が古いといった単純な話ではありません。教室では，それぞれに一長一短あることを学生が理解しているからでしょうか，両者を購入して使い分けている受講生の姿も見かけました。2つのタイプのテキストについて，機能面における違いを中心に説明します。

　紙のテキストのメリットは，なんといっても，手元で気軽にぱらぱらと読み返しができる点にあります。全体像を把握しやすく概観性に優れること，前後で読み比べたい箇所について，即座に行ったり来たりして参照できることは，法律学の学習にとって大きな助けになります。また，（パソコン等の）起動時間を待つことなく参照できるのも，大きなメリットです。とくに法律学では類似の概念や用語が数多く登場しますから，そうした場面で面倒くさがらずに，**2つの概念を比較して異同を考えるプロセスが，理解を深めるうえでとても重要**になります。そうした学習で，紙のテキストは大きな効果を発揮します。

　第2に，**紙のテキストでは，書き込みを行うことや，ラインマーカーを引くこと，付せんを貼ることが容易です**。この点も，学生が紙媒体を好む主要な理由です。

　第3に，紙のテキストを愛用する学生が口を揃えて語っていた感想は，**紙のテキストの方が記憶に定着しやすく，頭に入る**ことです。私は脳科学の専門家ではありませんから，こうした連関が本当にあるのか，自信をもって真偽を語ることはできませ

ん。しかし，自らの経験からも納得できる点が多いことから，こうした感想が多く寄せられている事実を読者のみなさんに伝えたいと思います。

　以上のほかにも，紙のテキストを好む意見としては，紙の触感を楽しむとか，装丁に興味がある，電子版テキストのように充電（電池切れのリスク）を気にしなくていい点などが挙げられていました。

　他方で，紙のテキストのデメリットとしては，法学テキストの場合，頁数が相当ある本が多いので，持ち運びに苦労する点を挙げることができます。さらに，紙のテキストは利用の過程で汚れることや，劣化するという指摘も耳にします。これをデメリットとして挙げる人が見られますが，この点の評価は人により分かれるようで，むしろ**使い込んだテキストの姿に愛着を感じて，所有する喜びにつながる**という感想も聞かれました。

　電子版テキストの最大のメリットは，持ち運びが容易であると

紙のテキストと電子版テキスト

いう**携帯性**にあります。教室で電子版テキストを利用していた学生が挙げたメリットも，重い本を何冊も持ち運びしなくて済む点でした。

　第2に，どこでも簡単に読むことができる点を電子版テキストのメリットに挙げる学生が少なくありませんでした。電子版テキストは，すきま時間を有効に活用する目的にも合致するようです。たしかに，電車内など，どこでも気軽に読めますが，くれぐれも眼の疲れには気をつけて下さい。

　このほか，紙のテキストにも索引がついていますが，**電子版テキストではデータ検索がいっそう容易である点**もメリットです。たとえば，1つの用語を文字検索して，読み比べるという学生がいました。

第2部

テキストを開いてみよう

Q | 11
question

「大枠をとらえて勉強しなさい」 といわれましたが, どういった趣旨でしょうか?

A 法律学の学習に励んでいる学生を見ますと, 勉強の仕 answer 方に2種類の方法があるようです。1つめは, 個別の知識を積み上げて, 山を作ろうと努力するタイプの学習法です。この方式を重視する学生は, 知識が多ければ多いほど望ましいと考え, 知識量の増大に力点を置いているようです。取得した情報量が多いほど上級者であると考えているためか, なるべく早期に多くの知識を得ようと努める結果, テキストも単語帳やサブノートのような個別情報列挙型のものを希望する傾向にあります。しかし, そうこうするうちに, 個々の知識相互の関係がよくわからず, 分断した個別情報から具体的なイメージを描くことができないといった事態に陥りがちです。こうした学習方法では, 頭の中で個別情報が並ぶだけで, それを使って考えることも利用することもできず, いつまでたっても自信がつかない状況が続きます。そのうちには失望や焦りを感じ, その結果, 法律学が嫌いになる例を多く見てきました。多くの知識を早期に暗記するという目標は, 一見したところ真理を語っているようですが, 法律学をマスターするうえでお勧めできる学習法ではないと思います。

これに対し, 2つめの方法として, 地図を作成するようなイ

メージで，まずは広域の大まかな地図を描き，すき間だらけの地図ができあがったら，これを前提にして，時間の許す範囲で徐々に白地の部分を埋めていくといった学習法があります。別のたとえでいいますと，最初は収容力のある大きなタンスを用意して，以後は時間の許す範囲で徐々に引き出しの中を埋めていくイメージです。これが，質問にありました「大枠をとらえて学習する」といった方法のように思います。

たとえば，みなさんの（地方に住む）友人が学習院大学を訪ねてくる場面を想定して下さい。いきなり，大学近くの評判のいい（小さな）和菓子屋さんを自慢しても，友人には全く意味不明だろうと思います。そうではなくて，①東京の真ん中には環状で走る山手線という JR 線があり，その真ん中部分を東西に中央線が通るといった大まかな話から始め，②その環状の西には新宿，北には池袋という大きなターミナル駅があり，両駅の真ん中あたり，環状のちょうど西北部分に目白という小さな駅があると説明を続け，③そのうえで，目白駅前を通る目白通りの，大学があるのとは反対側の沿線に広がる商店街にその（小さな）和菓子屋さんがあることを紹介すれば，友人は容易に位置関係を理解できると思います（次頁地図）。

このように大局から細かな部分に話を進めるといった思考法は，体系を重視した法律学の基本的な視点と親和的です。輪郭ないし基本線を押さえたうえで，そこに埋め込む形で個別の知識を理解していく方法は，個々の知識の意味を考えながら学習を進めることを可能にする点で，読者に具体的イメージを与えます。

また，大きな誤解やミスを防ぐことにもつながります。大枠を見失わないように，テキストの目次を積極的に見るようにして勉強しているという学生の話を聞きましたが，これなどは法律学の学習法についてポイントを良く理解できている例だと思います。

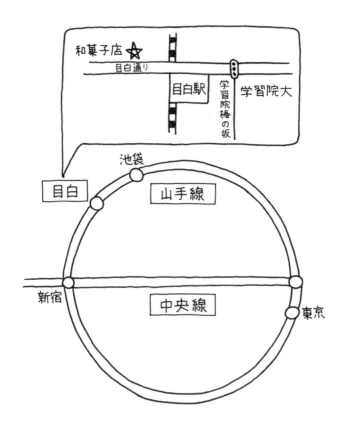

Q | 12
question

大切なのは本文だから，
目次や索引は無視してもいいですね？

A 法学テキストには，目次や索引がたいていついていま
answer す。もっとも，テキストの購入者の多くは，目次や索
引には注意を払っていないと思います。他方で，テキストを執
筆した先生方の話を聞きますと，最後の最後まで目次に悩んだ
といった話をよく耳にします。民事訴訟法の著名な体系書を執
筆された三ケ月章先生も，目次の作成にはたいそう気を遣って
おられたということです。このように，書き手が相当のこだわ
りと時間を費やして目次を作成しているにもかかわらず，読者
が関心を払わない状況について，少し考えてみたいと思います。

法学テキストは，きわめて多岐にわたる理論や判例，制度，
情報を体系づけたうえで，執筆されています。決して，個々の
知識を古い順に並べるといった時系列で整理しているのでもな
ければ，五十音順で配列しているわけでもありません。**著者は
1つの物語を語るにあたって，全体のストーリーの中に各種情報
を位置づけていて，その見取り図を示したのが目次です。**ですか
ら，どういった順番で説明したらわかりやすいかとか，理にか
なっているか，整合性がとれているか，基礎的な部分（骨格部
分）がどれで，それがより一般的な制度や構想にどのようにつ
ながっていくのかを考えて，執筆しています。こうした体系は

時代を経るなかで磨かれ，定着してきたものを基礎としていますから，それなりの合理性と説得力をもっています。こうした基礎的な骨格の中に個々の理論や情報を位置づけるよう意識した学習法は，Q11でも述べましたように，一般理論と個別情報の双方にとって深い理解を可能にします。学習成果を定着させるうえできわめて有効な方法です。

　具体的な勉強法としては，ある程度学習が進んだら，**目次を見返して，その科目のあらすじや基本的なストーリーを友人や兄弟姉妹にも説明できるか，自問自答して下さい。**また，ある項目を学習する前や学習した後に目次を見返して，今日の課題は当該科目全体の中でどういった部分に関わるのかを意識することが，学習部分の理解を促進します。これを繰り返すことで，個々の知識が断片化することなく，それぞれがネットワークを形成するようになります。

　みなさんが将来，社会に出て活動する際に，難しい問題や新規の課題に直面した場面で支えになり指針を示してくれるのは，こうした知識のネットワークの存在であることが多いのです。フローとしての情報にばかり目を向けるのではなく，体系に位置づけて理解するという学習法（Q2「一歩先へ」を参照）を試みて下さい。私の講義を受けた学生のなかには，テキストの目次をあらかじめコピーしておき，自分が勉強しているところが全体のどこに位置するのかを，そのコピーを傍らに置いて確認しながらテキストを学習している人がいました。大枠をとらえることの意味をよく理解していると感心した次第です。

読者のなかには，索引をおまけのようにとらえている方も多いと思います。しかし，索引もまた利用価値の高いものです。テキストの著者は，読者の学習の便宜を考えて，新しい概念を使用する最初の場面でその説明を行うように努力しています。もっとも，そうした努力にも限界がありますので，新しい概念が説明もなく現れることは避けられません。また，最初に登場した際に説明が加えられているとしても，後の部分でその概念が再登場した頃には，読者がその意味を忘れていることが少なくありません。概念が理解できなければ文章の意味がわからないことが多いのです。その際に，同じテキストの中で説明を参照することができれば，効用は大きいように思います。ここで活用すべきものが，巻末の索引です。**意味のわからない概念に直面した場合に，輪郭だけでも把握することができれば，その概念が含まれた文章や段落を理解することが可能となり，そのための有力な武器が索引です。**また，学習が進んだ段階で索引を眺めると，そこに記載された語句の意義や内容，その科目における位置づけを考えるきっかけとなり，語句相互の関連に関心を向けることもできます。このように，**索引は知識のネットワークを形成するうえでも有用です。**法律学の学習に熟達した先輩方は，うまく索引を活用しています。

　索引と同様の補助機能をもつ書籍が，法律学辞典です。法律学辞典の活用も，学習を深めるうえでの重要なステップです（**Q13** 参照）。

　なお，索引の活用を説く本書にも，巻末に索引をつけてみま

した。目次からは，質問の内容を概観することが可能となっていますが，個々の質問や解説のなかで説明される重要語句については，索引から探し出して理解を深めてください。

索引の例

（長谷部恭男『憲法講話 24 の入門講義』
（有斐閣・2020 年）より）

Q | 13
question

法律学の学習で，
テキスト以外に必要なものはありますか？

A テキストのほかには六法と判例集が必要不可欠で，この
answer 3つは法律学の学習にあたって「三種の神器」にあたり
ます。ここでいう「六法」とは，主要な法律の条文を収録した
書物のことをいいます。六法には，法律のほかにも，国の行政
機関が制定した政令・府省令などの命令が収録されることがあ
ります（これらを合わせて，「法令」とよびます）。六法は，もと
もとは，憲法，民法，刑法，商法，民事訴訟法，刑事訴訟法と
いった6つの大きな法典をさす言葉ですが，現在では，こうし
た法典をはるかに超えた数の法令を収めた法令集を表わす用語
として用いられています（収録する法令数に応じてさまざまな
六法が存在する点については，Q21参照）。テキスト，六法，判
例集に加えて，とくに初学者には，快適に勉強するうえで法律
学辞典も手元に用意してほしいと思います。

　法律学の学習のひとつの大きな目標は，法律条文の意味内容
を自らの力で読み解くことができるようになることです。そう
はいっても，最初から条文にあたったところで，まったく歯が
立たないと思います。なぜなら，法律の条文は抽象的かつ無味
乾燥で，初学者が簡単に読めるしろものではないからです。そ
こで，基本的な考え方や具体の条文の成立過程や趣旨，それを

めぐる理解の違いなどを解説してくれるテキストを活用して学習することが有益です。

　しかし，それでもなお困難をもたらす原因は，法学テキストにおいて（著者の先生がさまざまな工夫を凝らしてもなお）抽象的な概念による説明が多いことにあります（**Q15** 参照）。読者にとって，具体的なイメージをもって読み進むことは決して容易ではありません。学生へのアンケートにおいても，テキスト利用で最も困っていることのひとつが，抽象的概念の存在です。そこで，おすすめの学習法は，テキストに出てきた理論や基本概念が，どういった場面で使われるのかに着目して，テキストに書かれている内容を理解するということです。

　理論や基本概念が使われる場面に即して内容を理解することを，少し難しい表現ですが，「**コンテクストに即して理解する**」といいます。「具体的な事例に即して理解しなさい」とか，「典型例を念頭において学習しなさい」というアドバイスも，同じ趣旨です。このように，具体の文脈の中で，ある法理がどのように使われ，どういった意味をもつのかを習得するためには，その理論が適用され争われた判例を学習することが効果的です。したがって，力量をつけるうえでは，**テキストを手がかりに，抽象的な内容をもつ条文と具体の判例の間を行ったり来たりしながら勉強すること**がベストな学習法です（循環型学習法のすすめ）。別のいい方をしますと，テキスト，六法，判例集の間で，学習者がどれだけ視線の往復を繰り返したかが，実力を左右することになります。

このほかにも，テキストを読んでいて初学者が困ることは，テキストの説明のなかで出てきた概念や法理が難解でわからないために，該当箇所の説明が理解できないことです。テキストに関する学生アンケートでも，多くの学生がこの点を訴えていました。テキストの著者は努力しているのですが，それでも，テキストの後半部分で初めて解説する用語がテキストの前半における解説で説明なく登場するといった事態は避けられません。このため，上で述べたように理解できない状況に読者は立たされてしまいます。そこで，読者としては，一応の理解をしてでも，先に進むことを考えなければなりません。

　ひとつの戦略は，テキストの巻末にある索引を活用して，該当頁の説明を読むといった方法です（Q12参照）。しかし，この方法は，そのテキストが扱う科目の専門用語については有用性をもつ反面，他の科目の専門用語については，当該用語を発見できない事態が生じます。たとえば，行政法のテキストを読んでいるなかでも，行為能力であるとか時効の完成猶予・更新といった，民法で学ぶ用語がふつうに出てきます。このような場面で，**法律学辞典**は大いに効果を発揮します。法律学辞典を参照したら，せっかくの機会ですから，テキストの該当箇所に法律学辞典の説明を簡単にでもメモしておくと，自分に適したマイ・テキストを作ることができて復習に便宜です。こうした作業は，慣れると楽しいものです。私は学生時代に『**法律学小辞典**』（有斐閣）を愛用しましたが，**テキストを読み進められずに途方に暮れた際には，ずいぶんと助けられた思い出があります。**

この辞典は，定評のある先生方がていねいに最新の内容を解説されているので，私の一押し商品です。

　こうした緊急避難的な利用法のほかにも，『法律学小辞典』は，時間のあるときにぱらぱら見ているだけでも楽しい書籍です。法律用語が日常の用語法と違うということを発見できますし（たとえば，善意・悪意など），『法律学小辞典』を利用する過程で，言葉の違いに敏感になる訓練ができます（たとえば，保証，保障，補償の区別などです。わからなければ，早速調べて下さい）。重要な概念・用語を経験豊富な先生方がコンパクトにわかりやすく解説している**『法律学小辞典』は，要約の仕方，書き方を勉強するうえで，たいへんよいお手本となります**。また，同書巻末には，条文を読むうえで参考となる基本法令用語について160項目以上にわたり解説されています。

　『法律学小辞典』は現在，最新のものとして第5版が出版されています（2016年刊）。私も行政法に関する項目を多く担当しています。自分がお世話になった本ですので，はりきって執筆にあたりました。

　なお，学習が進みますと，法律学辞典の説明と利用しているテキストの説明との間に微妙な差異があることに気づ

くと思います。法律学辞典の執筆者はなるべく客観的に記述しようと心がけていますし，テキストの著者も他の先生方が講義で利用する場面を意識して独自のカラーを抑える努力をしています。しかし，本書の冒頭で説明しましたように，テキストは自由度が高くそれぞれが個性をもっているのです（Q01も参照）。したがって，両者の説明には差異が生じますが，これは，初学者がテキストを読み進むなかで遭遇する上記のような困難に比べれば，はるかに小さな問題です。こうした違いに目がいくようになったら，法律学の学習が進んだと考えて下さい。

Q | 14
question

法律の条文が出てきたときに，
テキストに説明があれば
六法を引く必要はないですね？

A
answer　法学テキストでは，主要な法律の解釈が説かれていて，その解説中には該当する法律条文が引用されることが一般的です。○○条と注記されるほか，△△条参照などと表記されることがあります。最近では，テキストのなかで，条文の文言をそのまま掲載する例も見受けられますが，これはなお例外です。読者のなかには，「引用されている条文のおおよその意味や解説はテキストで説明されているのだから，わざわざその条文を六法で引く必要はない」，「条文を参照するのは時間の無駄だ」と思う人も少なくないと思います。質問は，こうした趣旨からなされたものと推察します。

　しかし，**テキストに条文が明示されている場合には，その都度，労を惜しまずに六法を引くことが重要です**。外国語の学習において，辞書を引く回数と学力が比例したのと同様の関係が，六法と法律学の学習についても認められます。その理由として，1つには，法律学の場合，最も重要な根拠となるのは明文化された法律条文であるということです（**実定法準拠（主義**）といいます）。一例を挙げますと，各種国家試験や定期試験において，重要な問題点で根拠条文を記載していない答案については，大きな減点対象となります。テキストがあって，それを説明した

のが法律条文であるという順番ではありません。紛争の解決に向けた協議の際に，基準となる第1の根拠は，法律の具体的条文なのです。それをわかりやすく解説したものがテキストという順番です。別のいい方をすれば，**法律学の学習の最終目標の1つは，法律条文と向き合った際に，自分で当該条文の（おおよその）内容を説明でき，理解できるということです**。したがって，それができるかを六法で条文を引いて確認しながら学習することが大切です。

　2つには，法律の条文は，みなさんが見慣れた日本語とは，体裁や語り口において異なった雰囲気をまとっていることが多く，読み解くためには慣れが大切です。そのためにも，つね日頃から条文に親しんでおくこと，条文アレルギーを解消しておくことが，重要な第一歩になります（慣れの重要性は，次頁の「一歩先へ」を参照して下さい）。

　3つには，**大学における学習の最も大切な対象は原典であり，法律学でいえば，条文や判決文がこれにあたります**（判決文に関する原典主義については，Q21を参照）。原典と直接に向き合い，原典と自分との間に不純物を置かないこと，そのうえで原典に対して自分から直接に問いを投げかけ，原典との間で対話を繰り返すことが，理解を進めるうえでの秘訣です。

　この方法は不思議と自信にもなります。換言しますと，自らの目で原典を見たことからくる自信です。人が描いた風景画を模写するような姿勢では，いつまで経っても自信をもつことはできません。

■ 一歩先へ

　条文に慣れるとどういったメリットがあるのかを解説します。**法律の条文は，編，章，節，款，目といった階層構造の中に置か**れています。また，**条文は，第１条，第２条などと並べられ，条の中はさらに，第１項，第２項などと区分されています**（項の中はさらに，第１号，第２号と区分されることがあります）。条文をよく見ていると，その多くは「ＡならばＢである」という条件文の体裁をとっていること（条件を書いたＡの部分が充足されると，Ｂに書かれた効果が生じるといった書きぶりになっていること）に気づくことでしょう。Ａの部分を**要件**，Ｂの部分を**効果**とよびます。面倒がらずに条文を見るくせをつけると，**法律条文が要件－効果の形式で書かれている体裁に親しむことが**できます。

　このほかにも，法律の第１条には目的を書いた規定（**目的規定**）がしばしば置かれていることや，法律の最初の方にその法律で使われる用語を説明した定義規定が置かれる立法スタイルに慣れることができます。他方で，法律の後の部分では，法律規定に違反した場合の罰則を定めた条文が集められていることに気づきます。さらに，条文でよく用いられる表現（次頁参照）や，他の類似の事例でも同じルールが当てはまる場合に，同じ条文を繰り返して規定することを避ける目的で使われる**準用**（「○○条を～について準用する」）にも慣れることができます。

　このように条文に親しむ中で，次第に，法的能力を養うこと

ができるのです。

条文の構造

民法415条　<u>債務者がその債務の本旨に従った履行をしないとき</u>
<u>又は債務の履行が不能であるとき</u>は，債権者は，これによって生
じた損害の賠償を請求することができる。ただし，その債務の不
履行が契約その他の債務の発生原因及び取引上の社会通念に照ら
して債務者の責めに帰することができない事由によるものである
ときは，この限りでない。〔第2項は略〕

　　　　＊___部分が要件，～～～部分が効果の規定にあたります。

民法416条　債務の不履行に対する損害賠償の請求は，これによ
って通常生ずべき損害の賠償をさせることをその目的とする。

2　特別の事情によって生じた損害であっても，当事者がその事情
を予見すべきであったときは，債権者は，その賠償を請求するこ
とができる。

　　　　　　　　　　　　　　＊2以下の_____部分が第2項です。

よく使われる条文表現

①　「又は」と「若しくは」

単純な選択関係…又は

　　A or B：処分又は裁決

階層型の選択関係

　　大きな選択関係…又は　　　小さな選択関係…若しくは

　　（A or B）or C：処分若しくは裁決の存否又はその効力の有無

② 「及び」と「並びに」

単純な並列関係…及び

  A and B：処分及び裁決

階層型の並列関係

  大きな並列関係…及び   小さな並列関係…並びに

  （A and B）and C：地方公共団体の区分並びに地方公共団体の
  組織及び運営に関する事項

なぜ法学テキストには
抽象的な言葉が多く出てくるのですか？

A
answer
近年では，法学テキストの中にも読者に親切な工夫を凝らすものが多数登場しています。しかし，それでもなお，質問者が問うように，高校までの教科書と比べれば，抽象的な用語が次から次に出てくるといった印象は否定できません。抽象的記述ばかりで具体的なイメージがわかない点を，テキストを読むときの困難として指摘する学生は，毎年数多くいます。このような困難の原因と解消法について，少し考えたいと思います。

法律学の世界には，**成文法**と**不文法**の2つが存在します。**成文法とは，国会によって制定された法律や，都道府県議会や市区町村議会によって定められた条例などのように，一定の手続を経て文書の形式で制定された法規範（制定法）**をいいます。不文法とは，慣習法や法の一般原則などのように，文書の形式をとらない法規範をいいます。過去に出された判決のなかで事実上拘束力をもつ判例（先例）も，**判例法**として不文法に属します。

ドイツやフランスなどヨーロッパ大陸の国々では，成文法が原則的な法形式とされてきました（大陸法）。これに対し，イギリスやアメリカでは判例が原則的な法形式とされ，法的拘束力を有しています（英米法）。わが国は，明治期においてヨー

ロッパ大陸から初めて（西欧型の）法システムを学んだことから，ヨーロッパ大陸型の成文法のしくみを原則として採用しました（**法の継受**といったいい方をします）。判例も実際上は重要な法規範となっていますが，それは成文法の解釈をめぐって出されたものが多いためであり，成文法がわが国における法規範の中心に位置しています。**成文法の内容はさまざまですが，原則的な形態としては，一般的で抽象的な内容を含むものとなっています**。ここでいう一般的とは，不特定多数の人を想定して定められていることをいいます（**法律の一般性**）。また，抽象的とは，不特定多数の事例に適用されることを意味します（**法律の抽象性**）。

このように法律が不特定多数の人や事例を念頭に置いて制定されているのは，人や事例を問わずに等しく同じルールが適用されることの表明なのです。別のいい方をしますと，不平等な取扱いを禁止する点，恣意的な規律を排除する点に，一般性や抽象性のねらいがあります。また，こうした一般性や抽象性のおかげで，さまざまな事態に対応できる柔軟性を，法律は獲得することができるのです。しかし，他方で，法律の条文には個別性や具体性が欠けるわけですから，特定の人や事例について適用できるのか，**解釈**の問題が必然的に伴うこととなります。

他方で，法理論も伝統的に，個々の事案を包括できるような一般理論や原則の形成をめざして，抽象的枠組みを築いてきました。わが国が明治期以降参照したドイツ法では，全体に共通する（抽象度の高い）一般的な内容を**総論**としてまず解題した後で，より抽象度の低い個別的な内容を盛り込んだ**各論**が続く

という法体系が確立していました（これを**パンデクテン方式**とよびます）。日本の民法典や学説，行政法の理論体系などは，長らくこうした方式に従って発展してきたのです。

　このようにして特定の人や事例から抽出された抽象的な概念や理論体系の教授が，法律学の教育でも中心を占めてきました。しかも，抽象度の高い総論部分の講義が教育課程の初年度に置かれることが多く，最初の段階で法律学を嫌いになる学生を生み出すことにもなりました。つまり，法律学の講義では，いわば公約数の内容を最初の段階で学ぶことになるのです。そこで，**学習の秘訣は，抽象的概念については絶えず，具体的事例に引き直して内容の理解に努めることです**。重要な法律概念，条文，法原則を学ぶにあたっては，自分で典型的な事例を念頭において，その事例に即して要件と効果を具体的に確認するといった勉強法をお勧めします。別のいい方をしますと，抽象的な定義や法原則と具体的な事例との間を，行ったり来たりすることを繰り返しながら，抽象的概念について理解を深める学習法が不可欠です。

　こうしたトレーニングを読者が自身で行うことができるよう，近時のテキストは工夫を凝らす傾向にあります。事例を織り交ぜて説明を進める手法がこれにあたります。内田貴先生や山本敬三先生の民法テキストでは，こうしたスタイルが基調となっています（内田先生のテキストは東京大学出版会から『民法Ⅰ〜Ⅳ』として出版され，山本先生のテキストは有斐閣から『民法講義Ⅰ・Ⅳ-1』として公刊されています）。また，テキストと判例

集を併用した学習を心がけることでも，こうした学習法を実現することができます（**Q13** 参照）。

Column　青年カール・マルクスの悩み

　ドイツにトリーア（Trier）というローマの遺跡の残る街があります。ここは，モーゼルワインの一大生産地であるとともに，著名な経済学者であるカール・マルクスの郷里としても知られています。街には彼の生家が博物館として残されています。私もこの博物館を訪れたことがあります。そこには，青年カールに宛てたお父さんの手紙が展示されていました。カールさんは法学部に進学したのですが，なじむことができず，転身を図るか悩んでいたのです。弁護士であるお父さんの手紙には，法律学の勉強を続けるようにとの，たくさんの説得の文章が記されています。なかには，法律学の勉強に文学書のような楽しさを求めてはいけないとか，砂を食むようなつまらなさを耐えれば，将来の出世につながるといった内容があったように記憶しています。

　法律学が抽象的で初学者に苦痛であるのは，いまに始まったことではないようです。タイムマシンがあれば，悩むカールさんに本書を届けたい気分ですが，それは経済学の発展にとっては良くないことなのかもしれません。

法学テキストでは
複数の考え方が紹介されていますが,
どれが正解と考えたらいいですか?

A 法学テキストでは,多くの課題や論点に関して,複数
answer の見解が扱われています。肯定説や否定説,これに折
衷説が加わることは決してめずらしいことではありません。3
つ以上の見解がテキストに併記されている場合がしばしばある
のです。自然科学で正解が存在するのと比べると,何とも不思
議に思われるかもしれません。また,こうした不確かな状況が
気持ち悪くて,法律学を嫌いになる人もいます。しかし,社会
にさまざまな利害や考え方が存在し,そうした相違を反映して
各説が主張されているのですから,法律学で複数の見解が対立
することは不可避であるといえます。

法律学では答えは1つとは限りません。したがって,質問に
あるような,正解か否かを問う問題設定自体が,法律学の理解
としては不充分です。各種国家試験や定期試験において,どの
見解に立つかによって有利に扱われることもなければ,不利に
扱われることもありません。**大切なのは結論自体ではなく,そ
の結論に至った理由を他者に対してていねいに説明することがで
きる論証プロセスです。**法律学は説明・説得の学問です。した
がって,結論だけを述べても評価されません。高校のとき,数
学の証明問題で結論だけが合っていても点数がつかず,証明の

過程をていねいに示して初めて評価されていたのと似ています。法律学で自分の立場を説明するということは，複数の見解があることを前提にして説明することを意味します（これを**複眼的思考**といいます）。**自分とは反対の見解があることを視野に入れ，自己の見解と反対の見解のどこが異なるのかを明らかにしたうえで，自分が一方の見解に立ち，他方の見解に立たない理由について，具体的かつ説得的に論証することが重視されます**。つまり，反対の見解を無視してはいけないのです。むしろ，その存在に敬意を表したうえで，説明を尽くして説得にあたる姿勢が求められます。

　しばしば見受けられるのは，こうした作法を理解せずに，自分が支持する見解の優れた点を最初から最後まで賞賛して終わるタイプの説明です。これでは，一方的な応援に尽きていて，比較の視点や（見解を異にする）他者に対する配慮が欠けています。法律学は決して応援歌ではありません。声の大きさでは見解の優劣は決まらず，あくまでも議論の内容が問われているのです。

　以上のことを前提に，テキストを読む際には，複数の見解が対立するなかで著者がどういった比較を行い，いかなる理由づけで自説を主張しているのかに関心を払って下さい。そうした説明のしかたを参考に，自分の価値観や判断に基づき，論証を行う練習を積んで下さい。その結論が著者と異なっていてもかまいません。そうした論証の練習を繰り返すことが，法律学の実力をつけるうえでは最も重要な学習法なのです。

大学の講義では，学生からしばしば，ある問題について最も支持の多い見解はどれかを質問されます。おそらくは，その見解に従っていれば安心といった考えが質問者の側にあるのだと思います。しかし，上で述べたことから明らかなように，法律学で重要なことは，支持の多い学説の結論を暗記して自分もそれに連なることではありません。そうした見解が導かれるプロセスに注目して，自分はどう考えるのかを論証することにこそ核心があります。

Q | 17
question

法学テキストには
通説という言葉がしばしば出てきますが，
何を意味しているのですか？

A 法律学では，答えは1つとは限らないことをすでに説
answer 明しました（**Q16**参照）。ある問題について複数の見
解が対立しているという状況は，どの法律科目でも普通にみら
れることです。もっとも，ある科目を専門にしている研究者
100名にアンケートを実施すれば，最も多くの支持を受けてい
る見解を見つけることは可能です。つまり，専門家の間で現在
最も支持されている見解が存在することは事実です。このよう
に，**学説のなかでチャンピオンの位置を占める見解を「通説」と
よんでいます**。多くの研究者から支持を得るだけのことがあっ
て，一般に，通説の説く論拠には説得的なものが多いといえま
す。他方で，多くの先生の支持を得るに至っているものの，な
お支配的な地位にあるとまではいえない学説が存在し，これを
「有力説」とよぶことがあります。支持者が現時点では少ない
見解は「少数説」とよばれます。

このように説明すると，通説だけを暗記すれば充分だと思う
かもしれません（しばしば，学生から通説を教えてほしいという
要望が寄せられますが，その趣旨として，通説に限定して学習し
たいと希望があるようです）。それは一見したところ合理的で効
率的なようではありますが，法律学の学習法としては間違って

います。以下，その理由を述べます。

1つには，**通説は時代と共に変化する**からです。勝者必衰なのは，法律学における学説も同じです。なぜこうした現象が起きるのかといえば，時間の経過のなかで，社会状況や人々の考え方が変わるからです。社会や人々の意識の変化が新しい法理論を要求することは，これまで歴史上何度も経験してきたことです。したがって，現在の通説を暗記しても，早晩，有力説や少数説に取って代わられることがありうるのです。

2つには，通説の結論自体を覚えることよりも，学説が対立する原因に思いを致すことや，学説の対立のなかで通説が現在の地位に昇り詰めた理由を理解することがいっそう重要だからです。通説の性格や特質を理解するためには，他の見解にも目を向けて諸説を比較するなかで，メリット，デメリットを把握することが不可欠になります。つまり，通説の結論だけを覚えるのでは，実は，通説を理解する観点からももの足りないのです。

ドイツの著名な公法学者であるヴェルナー・ヴェーバー（Werner Weber）先生（ゲッティンゲン大学の先生でした）は，「重要なのは通説ではなく，通説を導く契機となった見解である」と説かれていました。その趣旨は，現在の通説をありがたがるのではなく，現在の通説がかつて少数説であった際に，当時の通説に対して果敢に問題提起をして今日の通説となるに至ったプロセスこそ高く評価すべきであることを述べたものです。こうした発想で皆が議論するのでなければ，大勢に迎合する者ば

かりが集う活力のない社会になってしまいます。現在通説だからといって，多数派であることに価値を見いだして思考停止に陥ってはなりません。たえず，通説に批判的な目を向けて，少数説の問題提起にも耳を傾けながら，自分なりの価値観や判断を磨くことが，法律学の発展にとっても法律学を学ぶ者の能力向上にとっても重要なのです。

法律科目をいろいろと勉強し始めましたが，各科目で共通する考え方があるような気がするのですが？

A answer この質問者は，法律学の勉強がかなり進んだように推察されます。とても重要なことに気づいたようで，頼もしくもあり，うれしく思います。初学者を見ていますと，民法は民法で一生懸命に学習し，刑法は気分を入れ替えて取り組むといった具合に，法律科目ごとに勉強法を変えて学習に臨もうとする姿に接します。科目ごとに専用の道具を用意しなければいけないと必死になっているように見えます。しかし，法律学を学習するうえでは，発想の転換が必要です。

ここでは，高校時代にみなさんが学習した教科を思い出して下さい。現代文，古典，世界史，日本史，地理，現代社会，政治・経済，倫理，数学，物理，化学，生物，地学など，きわめて多数の（性格を異にした）科目を学んだことと思います。これと比較しますと，法律学の対象範囲はまったくもってせまいのです。高校時代の教科でいえば，せいぜい，現代社会ないし政治・経済の内容のうち，その一部が法律学で扱われるにすぎません（現代社会ないし政治・経済のうち，経済については経済学部で，政治については法学部の政治学科などで専門に学びます）。このように限定された領域を対象に，法学部では，憲法，民法，刑法など，さらに細分化して教えているのです。したがって，

法律諸科目は似たもの同士ということができますし，各科目の基礎にある発想法は驚くほど似ています。共通の思考基盤をもっているためか，大学の会議で法学部の先生と議論する場合には，相手の出方が予想できて安心して議論することができます（文学部の先生との会話がときとして衝撃的なのとは異なります）。

私自身，学部生時代は民法が好きで最も力を入れて勉強していました。今から思いますと，そこで学んだ基本的な発想や考え方は，（現在の専門科目である）行政法でも有用な支えになっています。つまり，ある法律科目を一生懸命勉強して実力がつけば，その効果はその科目にとどまるものではなく，他の科目の成績をも押し上げる関係にあるのです。

これらのことから，法律学の学習では，科目に応じて専用の道具を別々に用意しようなどとは考えずに，各科目間に共通の思考方法が存在する点に着目して，**自分なりの万能ナイフを1つ用意し，その切れ味を高めていく戦略が学習効果を向上させます**。ここでいう共通の思考方法のことを，**リーガルマインド**とよぶことがあります。その内容として多様なものが語られますが，以下では少し分析的に説明したいと思います。

1つには，**自分の立場や利害に固執することなく，相手の立場や利害にも思いを致すような考え方をすることが重要です**（難しい言葉ですが，「立場の互換性をもつ」といったりします）。2つには，似たことですが，**一方向からばかり見るのではなく，異なった見解にも耳を傾けて，多面的に考察できるだけの柔軟性をもつ**ことが大切です（これを複眼的思考といいます）。3つには，**諸**

高校の教科と大学の法律科目の関係

[高　校]　　　　　　　　[法学部]

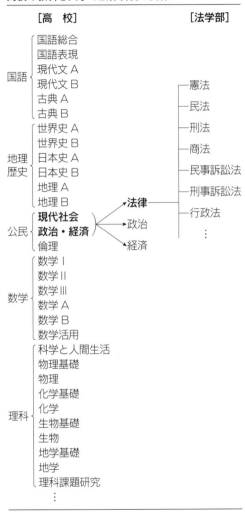

利害を的確かつ公正に比較衡量して自分なりの結論を導き，それを他者に説得的に語ることがポイントになります（つまり相手を納得させるだけの力量をもつことです）。4つには，「何か変だ」と違和感をもった場合には，**相手が最高裁判所であろうと学界の通説であろうと，権威にはかかわりなく，自分の感性を信じて批判的に検討する視点をもつことが重要です**。そうした直感ないし感性を大切にして，素直に疑ってみるという批判的姿勢を大切にして下さい。5つには，**さまざまな利害や見解が渦巻く状況にあっても，本質的なものは何か，何が重要な事項かを見極める**ことです。現代社会に生起する紛争・対立は，複雑で混沌としています。そこに現れた個々の事象に振り回されることなく，原因なり核心となる問題点なりを見いだす能力を身につけることが重要です。

　以上の5つの基本的視点は，さまざまな法律科目の基礎にあります。こうした視点を大切にして法律学の学習にあたると，理解が深まるものと思います。リーガルマインドを発揮することができる場面は広範ですから，弁護士，裁判官，検察官などの法律実務に従事する**法曹**に限らず，社会で活躍するうえで重要な資質となります。大学の定期試験で高得点をとることができたとしても，上で述べた基本的な視点を養うことができないのであれば，法律学の勉強法としては間違っています。

テキストの選び方──先輩に聞いてみよう

　Q08 で触れたアンケートで，法学テキストを選ぶ場合の基準について，東京大学や学習院大学の受講生に聞いてみました。寄せられた意見は，いくつかのグループに分類可能です。本書で説いている視点と共通するものも多く，うれしく思いました。読者のみなさんも参考にして下さい。

・**理由づけがていねいで，わかりやすいテキストを選ぶ。**

　理由づけや背景をていねいに説明してくれるテキストを優先するという意見が，多く聞かれました。論理が飛んでいるものは避けるという意見も，同様の選択基準によるものです。また，文章の読みやすさや文章のやさしさ（文章が硬すぎないこと）を重視する意見も根強く見られました。5 行くらい読んでみて，わかりやすいもの，かみ砕いて書いてあるものを選ぶという意見も聞かれました。同じ箇所を読み比べてみて，自分にしっくりくるものを選ぶという意見も，同じ視点に立つものです。

・**具体的な事例が含まれているテキストを選ぶ。**

　どうしても抽象的な内容が多くなる法学テキストのなかで，具体例を挙げているものを好む意見が多く聞かれました。具体的なケースと抽象的な理論との間を行ったり来たりできるテキスト，事例問題が多く掲載されているテキスト，事例に即して説明しているテキストを重視するという見解も，同様の選択基準によります。

・**重要度の差が視覚的にわかりやすいテキストを選ぶ。**

　文字の大小，網掛け，本文と注の区別，コラム，図表による重要箇所の明示などを駆使して，重要で押さえるべき事がらと，次の学習段階で補充すべき事がらを分けて書いてあるテキストは，学生に人気があるようです。

・正確な記述のテキストを選ぶ。

　誤植が多いテキストは避けるという視点や，改訂を重ねていて見直しが徹底している本を選ぶという意見も聞かれました。

・有名な先生のテキストを選ぶ。

　先輩やインターネットでの評判，マーケットでの売行き情報などを参考に，定評のあるテキストを選ぶという学生や，自分に合った著者のものを選ぶという学生が見られました。なかには，定番となっているテキストを読んでおくと，後に別のテキストなどを読んだ際に引用されていることが多く，学習したことを基礎にできるといった感想も寄せられました。

・引用の充実したテキストを選ぶ。

　多くの学生に共通していたのは，判例や条文の引用が充実していることがテキストを選ぶ重要な基準になっていることです。このほか，参考文献の案内，注のていねいさ（Q20 参照），改正法への迅速な対応，通説だけではなく多様な見解を紹介する公正性などに高い評価を与える意見が寄せられました。

・自分の学習段階に応じてテキストを選ぶ。

　自分のレベルにあったテキストを選ぶという意見がみられ，堅実な印象を受けました。学習段階に応じて選ぶという熱心な意見にも出会いました。つまり，初期には入門書 1 冊で全体像を把握し，学習が進んできたら体系的に説明したテキストを活用し，さらに理論的で注が充実したテキストにも必要に応じて目を通すといったスタイルです。

・厚さと値段に注目してテキストを選ぶ。

　気持ちはよくわかります。うすいテキストについては，繰り返しになりますが，行間を追うことができるかに注意して選んで下さい。

第3部

テキストの読み方のヒント

なぜ判例がしばしば出てくるのですか？
最高裁判所の判決は
特別な意味をもつのですか？

A わが国では，社会のルールである法規範は法律などの
answer 制定法によって定められています（Q15参照）。法令
で定められた内容が，実際の社会でどのように理解され，いか
なる形で適用されているのかといった「生ける法」の実態は，
判決を見ることによって初めて明らかとなります。したがって，
法律とそれを解釈・適用する判決をあわせて見ることによって，
法律を理解することが可能なのです。

　また，制定法は全てを規律し尽くしているわけではありません
し，明確ではない部分を残しています（この点を指して，「解釈の
余地を残している」といった表現が使われることがあります）。そ
こで，条文の適用や解釈をめぐって，見解の対立が生じること
となります。判決は，そうした部分について，争いを契機に判
断を下すことで，法令を補充する役割を果たしています。

　過去に出された判決を総称して（つまり，下級審のものも含
めて）判例とよぶ用語法があり，本書はこれに基づいています
（これに対して，最高裁判所の判決に限定して判例とよぶこともあ
ります）。最高裁の判例は，高等裁判所や地方裁判所などの下
級審裁判所の判例を統一する役割を果たしています。実際には，
多くの裁判において，下級審裁判所は最高裁判例に従った判決

を下すことが予想されます（もっとも，下級審裁判所が最高裁の判例と異なる判決を下し，上告を受けた最高裁が大法廷で審議を行い，それまでの判例と異なる判断をした場合には，判例変更がなされます）。このように，最高裁の判例は裁判実務において強い影響を及ぼしており，数多くの判例を支える一般的な考え方を体現する性格をもつのです。**最高裁の判例はいわば生ける法の代表格ですから，法学テキストや講義では重要な考察対象とされています。**

　法学テキストでは基本的な概念や法理論の説明に重点がおかれますが，それは抽象的なものですので（**Q15** 参照），具体的な事例に即して学習することが理解を深めます。そして，具体的なコンテクストのなかで基本概念や法理論の理解を深めるために，判例の活用はきわめて有効です。テキストでは，こうした教育的な側面にも注目して，意図的に判例を織り交ぜているのです。なお，判例の引用は，テキストでは略記した形で行われます。引用法については次頁の説明を参考にして下さい。

　テキストでは，最高裁の判例が説明されるほか，高等裁判所や地方裁判所など下級審裁判所の判例も取り上げられる場合が少なくありません。下級審の判例は，最高裁の判例のように強い影響力をもつわけではありませんから，テキストで取り上げられることを疑問に思うかもしれません。法的な紛争が存在する場合に，いきなり最高裁で判決が出されるわけではありません。一般に，地方裁判所，高等裁判所といった下級審の段階を経て，最高裁で判決が下されます（三審制）。したがって，最

高裁判決だけを学習するのでは，現代社会で生起して議論されている「現在進行形の新規課題」を学習する機会を逸することになります。こうした遅れの発生を解消するためには，下級審判決を積極的に取り上げて，**下級審判例のもつ問題発見機能や問題提起に着目した学習が大切になります**。また，挑戦的な内容の下級審判決がやがては最高裁判例の変更につながることもありますから，下級審判決の学習は，判例や法理が時代と共に変化する過程を学ぶ契機にもなります。

判例の引用法

裁判所名 ＋ 判決か決定かの区別 ＋ 年月日 ＋ 掲載誌と掲載号・頁

（例1）最判昭和 24・5・18 民集 3 巻 6 号 199 頁

　最初にある「最」は最高裁判所を，「判」は判決を表します。決定の場合には，「決」と書かれます。次に判決が出された日（昭和24年5月18日）がきて，その後に，その判決が掲載されている判例集と，その巻・号・頁が示されます。

　判例は，最高裁が出している公式の判例集に掲載される場合もあれば，商業雑誌に掲載される場合もあります。また，裁判所のホームページも判例を掲載しています（Q28 参照）。「民集」とあるのは，最高裁判所事務総局が公刊している『最高裁判所民事判例集』のことでして，上記の例では3巻6号199頁に掲載されていることがわかります（刑事の判例の場合は『最高裁判所刑事判例集』に掲載され，こちらは「刑集」とよばれます）。代表的な商業誌である判例時報に掲載されている場合は「判時」，判例タイムズの場合は

「判タ」と略称表記されるのが一般的です。

　なお，最高裁は長官と14名の裁判官からなり，15人が臨む大法廷のほか，5名で構成される小法廷が3つあります。大法廷は，憲法問題が争われている場合やそれまでの判例と異なる判断をする場合など，重要度の高い事件に限定されますので，年間に開催される件数は少ないです。最高裁の大法廷で出された判決（決定）を最大判（最大決），第一小法廷で出された判決（決定）を「最一小判」（最一小決）と表記する場合があります。

（例2）大阪地判平成31・3・14判時2411号5頁

　大阪地方裁判所が平成31年3月14日に出した判決で，判例時報の2411号5頁に掲載されていることを示します。大阪高等裁判所の出した判決であれば，「大阪高判」となりますし，広島高裁岡山支部の判決である場合には，「広島高岡山支判」と表記されます。現在，高等裁判所は全国で8（札幌，仙台，東京，名古屋，大阪，広島，高松，福岡），地方裁判所は50（支部203を合わせると253）存在します。

　法が現実社会において具体的に適用される事案を素材として，いわば生ける法を理解するとともに，法解釈の力を養うために，判例を集めた教材（判例集）が出版されています。判例集のなかには，**『判例百選』**のように最高裁判決を中心に収録するものに加え，学習上の効果を考えて，興味深い下級審判決を積極的に取り上げるものもあります（たとえば，戸松秀典＝初宿正典『憲法判例〔第8版〕』（有斐閣・2018年），内田貴ほか『民法判例集』（総則・物権ほか全4冊。有斐閣）などがあります）。**『判**

例百選』は，代表的な判例集で，憲法や民法など科目ごとに刊行されています。百選というと判例を 100 だけ集めたように思いますが，実際には看板と内容は異なります。たとえば，『憲法判例百選〔第 7 版〕』（2019 年）は，ⅠとⅡの 2 冊に分かれて，合計 208 の判決を収録しています（他の科目でも事情は同じです）。判例百選では，1 つの判例が原則，見開き 2 頁で扱われ，事実関係や当事者の主張をまとめた**事実の概要**，判決文の中から重要部分を抜粋した**判旨**に続けて，**解説**が付されています。末尾の**参考文献**では，一歩進んで学習する際の参考として，関連書籍や論文が紹介されています。『判例百選』の刊行後に出された最高裁判決などを学習したい場合には，毎年 4 月上旬に刊行される『**重要判例解説**』を参照するといいと思います（憲法，行政法，民法，商法，民事訴訟法，刑法，刑事訴訟法，租税法，労働法，経済法，知的財産法，国際法，国際私法の分野に関して，前年度に出された重要な判例が取り上げられています。その執筆スタイルは，判例百選に準じています）。

■ 一歩先へ

　法学テキストでは，通説をはじめとする学説と判例が扱われています。ここでは両者の関係について説明します。裁判所は司法権の行使として，紛争の解決を図るべく判決を下します。判決が出されると，研究者は，従前の判例との関係を解明するほか，その判決で示された考え方がどこまで他の事例に適用することができるか（これを**判決の射程範囲**といいます）など，判

例を多角的に分析します。判決を対象として分析した論文を，**判例評釈**とよびます。研究者は，判例の到達点を理論化・体系化して学説に取り込む場合もあれば，批判的な論評を加えることもあります。

　学説が判例に対して影響を与える場面もあります。興味深いことに，裁判所が前提としている重要な概念について，法律に規定が置かれていないことは少なくありません。たとえば，民事訴訟法の分野で重要な概念である，弁論主義，訴訟物，当事者適格，訴えの利益などについて，法律に明文の規定はありません（くわしくは民事訴訟法で勉強してください）。これらに関しては，外国法研究などを参照して，学説が基礎を提示し，判例が蓄積されてきました。基本的な法律について研究者などが条文ごとに詳細な検討を行った注釈書（これを**コンメンタール**とよびます。Q29 参照）も，裁判にあたって参照されています。コンメンタールには，法律条文の解釈や判例のほか，制定史や外国法研究の成果がまとめられています。さらに，法律の制定や改正に向けた審議会の議論に研究者が参加することにより，法律や条文の理解について学説が影響を及ぼし，ひいては裁判官の判断に影響が及ぶこともあります。このように，研究成果が判例の形成に影響を与える場面もあるのです。

▌判例評釈と調査官解説

　判例評釈は，さまざまな雑誌に掲載されます。判例時報，判例タイムズ，ジュリスト，法律時報などに，新しい判例に関する評釈が

掲載されています。これらは，研究者が執筆する場合もあれば，裁判官など実務家の手によるものもあります。そうしたなかで注目すべきものとして，**調査官解説**とよばれる，最高裁判所に勤務する調査官が執筆した判例解説があります。

　最高裁の調査官には，民事の調査官，行政の調査官，刑事の調査官がいて，実務経験を積んだ裁判官があたります。調査官は，訴訟の資料を集めたり，学説や判例，外国法を分析したりして，最高裁判事が判決を作成する際にサポートする役割を果たします（裁判所法57条に規定があります）。判決が出された後には，担当した事件のうち，民集・刑集に掲載される判決などについて調査官解説を執筆し公表します。

　調査官解説は，法曹時報という雑誌に掲載され，後には，『最高裁判所判例解説 民事篇』や『最高裁判所判例解説 刑事篇』（法曹会）という書籍として刊行されます（平成29年度といった具合に，年度版として公刊されてきました）。

　調査官解説の内容は詳細で，注も充実しています。判決そのものではありませんが，判決の背景や基礎を考えるうえで重要な文献です。経験豊富な裁判官が執筆していますので，文章もこなれています。大学の演習でレポートを書く場合や報告を担当する場合には，参照してみて下さい。

Q | 20
question

注は出てくるたびに読む必要がありますか？

A 法学テキストには，注がついたものとついていないも
answer のが存在します。注のないテキストは，初学者はさし
あたり，その科目の大枠を理解できればよいといった立場で企
画されたものです。注が存在しないぶんだけ，スリムな体裁を
維持して，直截な印象を与えることに成功しています。

これに対して，注がていねいに付されたテキストがあります。
これは標準的テキストや体系書で一般にみられるスタイルです。
注では，テキスト本文に書かれた内容に関する理由づけが挙げ
られるほか，他の学説や関連判例について案内や分析がなされ
ています。さらに，テキスト本文では読者の理解や見通しを考
えて，多くの場合に当てはまる考え方（これを「一般論」とい
います）がしばしば紹介される一方で，それには例外が存在す
ることや，妥当するための条件や射程範囲の制約が存在するこ
と（これらを「留保事項」といいます）が説明されています。

**注は，テキストの記述内容について，後から他者による検証を
可能にする趣旨でつけられています。** 注のついたテキストは，
多くの労力をかけて作成されていますので，正確さの点で信頼
性が高く，また，学習者が学説に興味をもった場合や，さらに
一歩学習を深めたい場合には，注が文献案内の役割を果たしま

す（**Q29** 参照）。つまり，学習の発展可能性を秘めているということができます。

　注がついたテキストを利用する場合であっても，**最初にテキストを読む際には，注は気にせずに本文だけを読んで輪郭をつかむよう心がけてください**。2回目以降の購読や，ゼミの報告やレポートをまとめなければならない場面で，そのテーマについて考察を一歩深める目的で注を利用することをお勧めします。また，テキスト本文を読んで興味をもち，さらに深く知りたい場合ですとか，本文の説明に疑問や違和感を抱いて別の文献で確認したい場合，説明のしかたを比較したい場合にも，注で引用されている文献は参照価値があります。

　このように，注が付されたテキストは学習が進んでからの利用にも応えてくれます。注のついたテキストは，注のないテキストより価格が高かったとしても，著者が費やした膨大な時間や利用価値を考えると，破格の値打ちがあるように思います。

六法にもいろいろな種類があるようですが，
どういった違いがありますか？

A **重要法令や基本法令を収録した条文集は六法とよばれて**
answer **います**。毎年度刊行される六法は法律学の学習に不可
欠なものです。六法には，基本法令を中心に収録したコンパク
トなものがあります。代表例は，有斐閣の『ポケット六法』や
三省堂の『デイリー六法』です。一方，学習者の便宜を考慮し
た，判例付きの六法が人気を集めています。有斐閣であれば
『判例六法』や『判例六法 Professional』，三省堂であれば『模
範六法』が出版されています。『ポケット六法』などではシン
プルに条文だけが掲載されているのに対し，たとえば『判例六
法 Professional』では，基本的な法律について，次頁にあるよ
うに，条文に続いて，関連する最高裁判例などが要約されて掲
載されています（判例の選択や要旨作成にあたっては，実力のあ
る先生方が会議を開いて綿密に検討を行っているので，安心して
活用することができます）。

　こうした判例付きの六法は，六法と簡易な判例ノートが合体
した性格の書籍であるということができます。これを学習に活
用している法学部生や法科大学院生は多くみられます。もっと
も，**判例付き六法の判例部分は，学習のために圧縮した要約版で
すから，基本判例は判例集などで実際の判決文に触れながら学習**

することが大切です（条文に関する原典主義については，**Q14** 参照）。判例付き六法の判例は，判例学習の成果を確認する指標と考えて，復習の段階で利用するのがよいと思います。

六法は，収録した法令の数という観点からみた場合にも，ボ

判例付き六法の条文例

（『有斐閣 判例六法 Professional 令和 2 年版』より）

リュームが異なった複数の種類が出版されています。コンパクトな体裁の『ポケット六法』（写真・左）が，令和2年版で202件の法令を収録するのに対して，『判例六法Professional』（写真・中央）の収録数は393件にも上っています（『判例六法』では142件）。後者くらいのスペックの六法を購入しておけば，法学部生や法科大学院生は学習に困らないと思います。

　なお，六法のなかには実務家の利用も勘案して編集されたものとして，大部な六法があります。有斐閣の『六法全書』（写真・右）が代表例です。『六法全書』は2分冊となっていまして，令和2年版を見ますと，収録法令数は842件にも及びます（「全書」というと法律すべてを収録していると思うかもしれませんが，『六法全書』でも現行法令の一部を収録するにすぎません）。私は，法科大学院の学生には，日々の学習の中でさまざまな法令に親しむ機会を多くもつことができる点に着目して，学習上

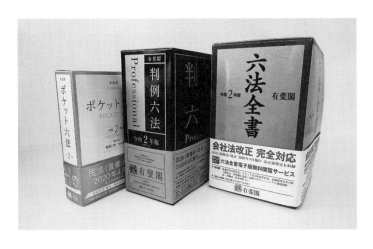

Q21 六法にもいろいろな種類があるようですが，
　　 どういった違いがありますか？　　　　081

の効用から『六法全書』の購入を勧めています。学部生でも，在学中に一度は『六法全書』を購入してみると，予想以上の学習効果がもたらされるものと思います。

　以上，紙媒体の六法を紹介しました。学習者が利用するうえでは，前後の条文を容易に見比べることができるといった閲覧性の高さや，重要な法律には参照条文の欄（これは関連する重要な条文を指摘したもので，条文の理解に役立ちます）が設けられていて学習に有用であることから，紙媒体のものがお薦めです。なお，現行の法律の数は 2200 を超えるともいわれ，六法に収録されているよりはるかに多いため，みなさんが六法に掲載されていない法令に直面したときには，インターネット上で法令検索をするのが便利です。たとえば，政府が運営する行政情報のポータルサイトである「電子政府の総合窓口（e-Gov）」にある「e-Gov 法令検索」（＊）などは，無料での利用が可能であり，利用しやすいものです。

　なお，専門分野の実務家を対象とした分野別の六法も公刊されています（自治六法や証券六法など）。大きな書店に行けば入手可能です。

　＊e-Gov 法令検索
　　https://elaws.e-gov.go.jp/search/elawsSearch/elaws_search/lsg0100/

Q | 22

question

テキストは１科目に１冊で充分ですね？

A 原則として，**利用するテキストを決めたら，それを最初**
answer **から最後まで読み通すこと**が大切です。学生時代を思
い出すと，苦手科目に関しては，テキストを沢山買っていたよ
うに思います。少し読んでは挫折してしまい，書店の店頭で別
のテキストが魅力的に見えて購入するものの，それも挫折して，
といった繰り返しで，読みかけの本が並んでしまう状態となり
ました。

　他方で，得意科目について，テキストを複数持っていたこと
も事実です。一例を挙げますと，学生時代に，最初は大学で指
定された簡易な物権法のテキストを読みました。そのうち，舟
橋諄一先生の名著『物権法』（有斐閣）があると聞き，読んで
みると，体系書なのに本当に読みやすく，舟橋先生のお人柄が
伝わってくるような心地よい時間を持つことができました。そ
うこうするうちに，鈴木禄弥先生の『物権法講義』（創文社）
が段階的な物権変動を意欲的に説いていると聞き，読み始める
と楽しくて，夢中になって読み進めた記憶があります。次には，
我妻栄先生の『物権法（民法講義Ⅱ）』（岩波書店）はどうなの
かと関心が出てきて読み比べましたが，舟橋先生や鈴木先生の
ものが，自分にはインパクトが強かった思い出があります。こ

こまでくると，物権法は講義を聴いてもよく理解できますし，得意科目となりました。

　法学テキストの場合，小説のように決して読みやすいものではありません。辛抱して，ともかく1回読み通すことが大切です。それから後に，別のテキストを利用するか決めることをお勧めします。そのように勧める趣旨は，**最後まで読んで初めて，テキストの全体像をつかめることが少なくないからです**（定期試験の重要な効用は，その準備の段階でテキスト全体を読み返すことによって，各箇所のつながりを発見できる点にあります）。1回読み通した後に，わからなかった箇所を中心にゆったりと読み返すことが，理解を深めることにつながるのです（Q24も参照）。

　得意科目や苦手科目でなくても，自分が利用しているテキストを読み返す際には，**わからない点や重要な箇所について，「その箇所に限定して」他のテキストを参照することが有用です**。これは，他の定評あるテキストをいわば参考書として手元に置いて読み比べる勉強法です。ここで注意点を2つほど記します。1つには，参考書の利用は欲ばらずに，わからない箇所限定で利用するのがよいということです（はりきりすぎると，息が切れてしまいます）。2つには，自分のわからないことに対する「直接の答え」を参考書から求めようとすると，失望することが多いということです。むしろ，わからない点について，利用しているテキストでは説明や情報に限界があるので，考える材料を増やすといった姿勢で参考書を利用すると，得るものが多

いように思います。これは経験に基づくアドバイスです。

　なお，複数のテキストを利用するという場合でも，同じ著者のものを戦略的に使う勉強法があります。すでに説明しましたように，テキストには，入門書や概説書（これもさまざまなレベルのものがあります），さらには体系書といった，多様な種類が存在します。同じ著者がレベルの違う複数のテキストを書いている例として，入門書と概説書を書いている場合，概説書と体系書を執筆している場合などがあります。著者が同じテキストでは，語り口や出てくる事例，考え方に関して，類似の説明や重複部分がありますので，複数冊を読むといっても，実際には１冊＋α の労力で読むことができます。また，次に読む１冊が，手元で愛用するテキストの著者の執筆によるものである場合には，気に入る確率は相当高いと思います。こうした特色を利用して学習を進めることは，有効な戦略です。

同じ著者のテキストによるステップアップ学習（行政法篇）

私は，学生時代に，刑法のテキストとして，藤木英雄先生の
コンパクトな刑法テキストを読んで興味をもち，同じ藤木先生
の『刑法講義 総論』『刑法講義 各論』（弘文堂）に読み進みま
した。すでに入門書で得た骨格を補充するような感覚で学習が
はかどった経験があります。同じような学習方法は，現在でも
可能なように思います。憲法であれば，佐藤幸治先生が書かれ
た『立憲主義について』（左右社・2015年）を読んだ後に，『日
本国憲法論』（成文堂・2011年）を読むとか，行政法であれば，
宇賀克也先生の『行政法〔第2版〕』（有斐閣・2018年）から
『行政法概説 I・II』（有斐閣・I〔第7版〕2020年・II〔第6
版〕2018年）に読み進むことが考えられます。刑法であれば，
山口厚先生の『刑法〔第3版〕』（有斐閣・2015年）から『刑法
総論』『刑法各論』（有斐閣・総論〔第3版〕2016年・各論〔第2
版〕2010年）へ，会社法であれば，神田秀樹先生の『会社法入
門〔新版〕』（岩波書店・2015年）から『会社法〔第22版〕』
（弘文堂・2020年）に移行して理解を深めることが可能です。

Q | 23
question

出てくる事例が
頭にスッと入ってこないのですが，
どうしたらいいですか？

A 法律学の学習では，抽象的な概念や法理を具体的な事
answer 例に即して理解するのが王道です（Q13参照）。しか
し，その事案自体の複雑性や事例における利害関係の錯綜が原
因で，スッと理解できない場合が生じます。これを解決するた
めには，**自分で図を書いてみて下さい**（経験を積むと，だんだん
とうまくなっていきます）。こうした方法は，とくに判例の学習
において有効です。私も学生時代にはよく行い，学習がはかど
りました。このような経験から，自分が執筆しているテキスト
や編集にあたっている判例集（次頁参照）では，図を多用して
います。みなさんもぜひ，テキスト（の欄外）に図の書き込み
をして，手作りのマイ・テキストを作成することを心がけて下
さい。判例集を参照した場合には，そこで得た情報をテキスト
の欄外にメモとして残しておくことをお勧めします（同様に，
演習書で得た知識や，他のテキストを参照して参考になった情報
を自分の基本テキストに記入することも有用です）。

　事例に関する情報が盛りだくさんで入り組んでいて理解しに
くいと感じる場合には，図の書き込みのほか，**ラインマーカー
を活用するのもひとつの方法**です。基本的な部分を色ぬりする
ことで，頭を整理することができます。もっとも，たくさん引き

すぎて困っている例を見かけますので，最初は欲ばらずに，事実関係の基本部分，対立点，重要語句に限定することが大切です。

なお，ラインマーカーは難解な事例以外にも，テキストを理解するための手段として利用可能です。基本語句や定義，制度趣旨，理由づけ部分などに限定して引いてみる方法を試して下さい（学生の中には，最初は消すことのできるボールペンでマークする人もいました）。判例と主要な学説を対比する色づけでもいいですし，自分なりの工夫をしてみて下さい。

事例は図解がいちばん！

（大橋洋一ほか編『行政法判例集Ⅰ〔第2版〕』

（有斐閣・2019年）89頁より）

Q | 24
question

テキストを読んでわからないときは，
どうすればいいですか？

A
answer
基本的な語句がわからないことが原因で，その語句を含む文章全体の理解が難しいことがあります。この場合には，**難解な語句について法律学辞典を参照するとか，テキスト巻末の索引を活用して説明部分を参照する方法が有用です**（Q12，Q13 参照）。

テキストで意味内容がよくわからない箇所があったとしても，全体像を把握することができて初めて理解できることもあるので，（テキストを複数回読む学習法をとる場合には，1回目の講読では）時間が解決してくれるものとゆったりかまえて，理解を先送りするのも一案です。学生の中にも，先に読み進めることで後で理解できるようになるからと，このような勉強法を紹介してくれた人がいました。もっとも，**わからなかった箇所は放置せずに，そこで抱えた疑問点についてメモをしたり付せんを付けるなど，明示しておくことが大切です**。疑問点を記載して積極的に先に進むという勉強法は，学生からも聞かれました。

2回目以降の講読の際には，この箇所に集中して学習することがお勧めです。もちろん，わからない事項を友人や先輩，先生に質問してみることは積極的な対応で望ましいものです（Q26 参照）。また，参考書として少し詳細なテキストを持っ

ている場合には，該当する箇所に「限定して」読み比べすることも工夫のひとつです（欲ばると長続きしませんから，参考書はわからない箇所に「限定した」利用で十分です）。このように，セカンド・オピニオンを求めて他のテキストを適宜参照する勉強法を紹介してくれた学生もいます。

　なお，自分でくわしい参考書を持っていなくても，図書館に行けば，法律書のコーナーには，定評ある主要テキストが並べられていますから，それらを読み比べてみたらいいと思います。

Q | 25
question

友人とテキストを用いて勉強会を
しようと思いますが，
何に注意したらいいですか？

A 法律学は，説得の学問です。また，社会における利害
answer 調整を重要な課題としています。ですから，議論をす
ることは，法律学の理解を深めるうえでたいへん重要です。こ
うした観点からは，友人と議論する機会をもちながら勉強する
ことは，とても有効な学習法であるといえます。

　勉強会を開催する場合には，同じ学年など，同レベルの仲間
でグループをつくることが多いものと思います。勉強会は，**内
容の込み入った事がらを他者に伝えることの難しさを実感できる
点で貴重**です。わかったつもりでいたけれども，言葉に出して
みると，理解できていなかったことに気づくことが勉強になり
ます。また，**相手に受け入れられることを意識して，自分の頭の
中を整理しようと努力する点が有用**です。これは，説明の合理
性や明晰性を追求し高めていく契機となります。さらに，**勉強
会の参加者から質問を受けるなかで，他者の考え方について理解
を深めることができ，他者の視点に立って考える練習を積むこと
ができます**（立場の互換性の習得）。このように，仲間を交えた
勉強会は，法律学の基礎を鍛えるのにとても有用な要素にあふ
れています。

　なお，勉強会を進めるうえで注意を要するのは，理解できな

い問題が生じた場合や，意見の相違が生じた場合の対処方法です。私も学生時代，こうした会に参加しましたが，次第に不明な点が山積していって，いつの間にか自然消滅してしまった経験をもっています。勉強会を継続するうえでは，**疑問が生じたときに相談できる先輩などの存在が助けになります**。相談相手は先輩や先生でなくとも，その科目を得意にしている同級生でもよいかもしれません。相談相手の先輩などには常時勉強会に参加してもらう必要はなく，理解できない問題が出た際に（ないしはそうした疑問がたまった折に），相談にのってもらうことで充分です。相談先の目処が立てば，たいへん心強く勉強会を進めることができます。

　勉強会では，同じテキストをただ読み合わせるだけでは退屈ですので，担当者を決めて，担当部分で重要な箇所や，わかりにくい箇所などについて，限定した範囲でかまいませんから，他のテキストと比較検討する報告を行うと，参加者の理解が深まるものと思います。これは，いわば他のテキストに勉強会の補助者になってもらう方式でして，先輩などへの相談と機能的には類似した手法です。さらに，勉強会で演習問題を取り上げて，参加者各自の解答を検討する機会をもつことも有用です（**Q30** 参照）。テキストを片手に，議論を重ねて下さい。こうした比較を通じて，優れている解答について具体的なイメージをもつことができますし，自分の解答を改善しようという刺激がもたらされます。

先生への質問のしかたを教えて下さい。

A
answer
先生に質問などというと敷居が高いかもしれません。しかし，質問に行くだけで本当に勉強になりますから，勇気を奮って，第一歩を踏み出して下さい。学習を始めた当初は，そもそも何がわかっていないかを，自分で理解できていない場合が少なくありません。質問したい事項が見つかったこと自体，実は勉強が進んだ証拠です。もっとも，質問をしている途中で支離滅裂になるなど，質問者自体が挫折してしまうこともめずらしくありません。**質問も経験がものをいいますから，場数を踏むなかで焦点が合ってくるものです。**例年，講義のあとに質問に来る常連の学生がいます。そのなかで，当初は漠然とした質問をしていたのが，回を重ねるにつれ段々と理解が深まって焦点の合った質問をするように成長する学生は，毎年見受けられるところです。

　質問のしかたについて，いくつか技術的なことをアドバイスしたいと思います。まず，**自分が聞きたい点を具体的に伝えることが重要です。**最初は，「Aがわからないので教えて下さい」といった漠然とした質問でもいいのですが，慣れてきたら，一歩進めて下さい。つまり，自分が考えた過程や考えを示したうえで意見を求めるほうが，先生の側も質問の趣旨を把握しやす

く，得られるものも多いのです。たとえば，「テキスト○○頁について自分はこのように理解したのですが，この理解は的確でしょうか」とか，「テキストの△△の部分について，自分はこのように理解したのですが，それですと次の説明と矛盾するようでもあり，どう考えたらいいですか」など，質問者の手の内を明確に示したほうが，有用なコメントをもらいやすいように思います。

　講義後すぐに質問するのではなく，オフィス・アワーや，次回の講義の後で聞こうとする場合など，質問まで少し時間があるときには，**メモを作りながら質問の手順を考えて，そのメモを片手に質問するといった工夫が，質問をわかりやすいものとします**。こうした準備過程をはさみますと，メモ作成時に質問の順番などを考えるなかで，自分の頭も整理されます。こうした小さな準備が，質問の上達を促すのです。

　他方で，テキストの記述内容が自分の感性と合わないと感じた場合には，率直に疑問を打ち出すのも質問ならではの効用です。「この点に関する争いは，実際には，どういった違いをもたらすのですか」，「この説の発想や前提自体が，自分には受け入れにくいのですが…」など直截に聞くことも重要です。試してみて下さい。

第4部

一歩先の学習へ

Q | 27
question

テキストでの勉強以外に
学習で心がけることはありますか？

A 法律学の学習に取り組む人は，大学での単位修得，各
answer 種国家試験や公務員試験の対策など，その目的もさま
ざまです。そうした目標のために積極的にテキストを利用して，
重要な法的しくみや法理，判例を身につけることを期待してい
ます。

　同時に，意識してほしいのは，法律学が現代社会のありよう
と密接に関わっているということです。大きな社会的事件や国
際ルールの変更，経済システムの変容などを反映して，法シス
テムも変化を続けています。情報技術の進歩，社会における新
たな認識の確立，新しい利益の承認などにより，法令のほか判
例にも変化が生じるのです。

　たとえば，婚姻していない男女から生まれた子は，遺産など
相続において不利に扱われてきました。具体的な事例として，
婚姻している父Aと母Bのもとに子Cが生まれ，他方でAは
婚姻関係にないDとの間に子Eをもうけ，Eを自分の子であ
ると認めていた場合（これを「認知」といいます）を考えてみ
ます（このように事実関係が複雑な場合には，図の活用が大切で
す（**Q23**参照）。次頁の図を参照してください）。この事例でA
が死亡した場合に，婚姻外の子（「非嫡出子」といいます）Eは

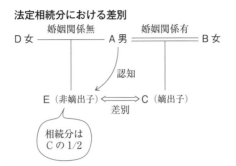

法定相続分における差別

婚姻による子（「嫡出子」といいます）Cの半分しか相続財産を受け取ることができないと，民法900条4号ただし書に定められていました。最高裁判所は長年にわたって，この条文は憲法に合致すると繰り返し解釈してきました。しかし，家族の形態が多様になるなかで，自身で選択や修正を行う余地がない事がら（出生）を理由に非嫡出子（上記の例ではE）に大きな不利益を及ぼすことは不平等ではないか，その子を個人として尊重して，その権利を保障すべきではないかという考え方や意識が，社会において強くなりました。これを承けて，最高裁は2013年9月に，上記民法の規定を法の下の平等を定めた憲法14条1項に違反すると判断したのです（最大決平成25・9・4民集67巻6号1320頁）。このように判例の変更がなされ，民法の規定の違憲部分を削除する民法改正が2013年12月になされました。

　この例にみるように，**法律学の学習にあたっては，社会と法の密接な関係に注意を払う必要があります**。法制度は，静態的なしくみでは決してないのです。別のいい方をしますと，法律学の学習が進むことにより，社会をいっそうよく理解できるよう

になります。逆に，社会の変化など，その実態について理解が深まれば深まるほど，法律学に対する関心も高まり，理解が進みます。**法律学を学ぶひとつの大きな目標は，社会認識の眼を養うこと，社会認識を深めることにあります。**

こうした観点からみた場合に，学生のなかには，世の中の動きに興味がなく，ニュースも新聞もおおよそ見ないといった無関心層が存在する点が心配です。テキストや講義に限定して学習の成果を上げることが効率的だと信じているのかもしれませんが，それでは理解は浅いものにとどまります。利害が対立する社会問題が存在する場合に，対立の原因はどこにあるのか，この問題について発言する人がどのような利害関係に立っているのか，それぞれのいい分は何であるのかなどに目を向けて，双方の立場に配慮して自分なりの意見をもつことは，社会生活を送るうえでも大きな支えになると思います。

ニュースに
新しい法律や判例が出てきたときに，
どのようにすれば見ることができますか？

A
answer　社会問題に関心をもち始めると，いままで気にしていなかった報道が目にとまるようになります。新しい法律の制定や法改正，興味ある判決のニュースに接したときに，どのようにすればこれらにアクセスできるのでしょうか。これが質問の趣旨だと思います。

　法律を新たに制定したり改正するとき，規律する事項を管轄する（これを「所管」といいます）国の府省庁が法律案を作成する場合が多いのです（内閣により閣議決定を経て国会に提出されることから，「内閣提出法案」といいます）。この場合には，所管の府省庁がわかれば（わからない場合は，法律名を入れてネット検索する過程で，所管する府省庁を見つけてください），その府省庁のホームページに設けられている，当該法案に関するページで，その法律等を参照することが可能です。

　アクセスするための1つの方法として，「調べたい法律名」や「改正」などのキーワードでインターネット検索する方法があります。電子政府の総合窓口（e-Gov）（イーガブ）＞国会提出法案（＊1）とたどったうえで，「各省国会提出法案」をクリックすることでもアクセス可能です。たとえば，法務省の「国会提出法案」を開くと，個別の法案ごとに資料として，法律案要綱，

法律案，提案理由，新旧対象条文（法律改正の場合），法律の概要などが掲載されています。「法律案要綱」では，法案の内容の概略が示されています。「新旧対象条文」では，当該法律改正に伴い改正される関連法律の新旧の条文も比較されています。府省庁が報道機関や市民向けに作成した**「法律の概要」**は，**審議会で議論した際の資料などを基に，図を活用してわかりやす**

「法律の概要」の例：
戸籍法の一部を改正する法律　（令和元年5月24日成立，同月31日公布）

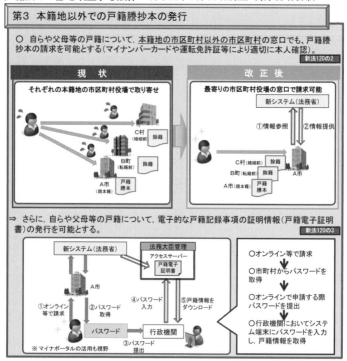

（法務省ホームページより一部抜粋）

く法律の骨格を説明しています。

　なお，内閣提出法案，議員提出法案にかかわらず，国会に提出された法案の内容や審議状況は，衆議院ホームページ（＊2）＞立法情報＞制定法律とたどることにより，また，参議院のホームページ（＊3)＞議案情報とたどることでも，見ることができます。

　重要な判決については，裁判所ホームページの「裁判例情報」で容易に検索することができます（＊4）。ここでは，判例の概要や本文の閲覧，印刷が可能になっています。

　大学の図書館で法学データベース（LLi 判例秘書，D1-Law.com，ロー・ライブラリーなどがあります）が利用できる場合には，判例のほか，判例評釈や法律雑誌の記事なども詳細に検索することができます（データベースにより収録内容はさまざまです）。

　なお，上記の方法で法律や判例の原典にあたる前に，新聞社やテレビ局のホームページでニュース報道を扱った欄を参照して，法律や判決の概要をつかむことも，学習のうえでは有効です。

　＊1　国会提出法案（電子政府の総合窓口（e-Gov））
　　　　https://www.e-gov.go.jp/law/bill.html
　＊2　衆議院
　　　　http://www.shugiin.go.jp/internet/index.nsf/html/index.htm
　＊3　参議院
　　　　https://www.sangiin.go.jp/
　＊4　裁判例情報（裁判所ホームページ）
　　　　https://www.courts.go.jp/app/hanrei_jp/search1

テキストだけではものたりなくなったとき，どうしたらいいですか？

A このような熱心な学生がいるのかと思うかもしれませ
answer んが，時折，講義の終わりにこうした質問を受けます。
教員の主な役割は，担当科目の知識や理論を伝える点にあると
一般に思われていますが，限られた講義時間では，輪郭を説明
するだけで手一杯の状況です。語り残した部分はたくさんあり
ますし，説明した部分でも省いた箇所が多く存在します。学習
においては，受講生の自習に委ねられている部分が大きいので
す。別のいい方をしますと，大学の教室以外で多くの事がらを
学ぶことが期待されています。こうした状況を前提にしますと，
教員の一番の役割は，その科目の魅力・面白さを伝えて，受講
生の関心をかき立てることにあると思います。「**指導教員では
なく始動教員である**」と私はよく説明していますが，そうした
趣旨です。

　学生が法律学の学習に取り組むモチベーションには，いくつ
かのタイプが存在します。1つは，各種国家試験や公務員試験
の準備の必要に駆られて，熱心に勉強するタイプです。目的が
明確であり，努力を重ねて学習しようというのですから，文句
をいう筋合いのものではありません。ひとつ指摘するとすれば，
動機が外部からのものである点で若干惜しいということです。

もう1つは，講義などがきっかけで面白いと興味をもって，好奇心に駆られて学習に没頭するタイプです。ここでは現世御利益とは関係なしに，自発的に勉強する姿がみられます。こうした学生は，もはや誰も止められません。経験的には，こうしたタイプの学生が，結果として一番大きな成果を収めているように思います。

　質問者はおそらく標準的テキストを読んだのだと思いますが，**もう少しくわしく勉強したいと思った際には，論文を読むことをお勧めします**。論文の選定にあたっては，自分が使っているお気に入りテキストの著者が書いたものを探してもいいです（ホームページに名前を入れて検索すれば，執筆された論文などの業績一覧を容易に探せます）。また，researchmap という研究者データベース（＊）で興味のある研究者を検索すれば，その研究者の業績を見ることができます。テキストで興味をもった事項について，当該箇所の説明に付された注などで引用されている論文を読むのもよいと思います。

　このほか，たとえば，ジュリスト増刊の『○○法の争点』といった雑誌（各科目について出版されています）には，項目ごとに見開き2頁程度でテキストよりもくわしい説明がされています。これを読んで，さらに関心があれば，そこに引用されている文献に挑戦して下さい。講義で教わっている先生に，自分の関心を伝えて，文献の紹介をお願いするのもひとつの方法です。

　＊researchmap（研究者をさがす）
　　https://researchmap.jp/researchers

一歩先へ

(1) コンメンタール（注釈書）

基本的な法律に関しては，条文ごとに詳細に注釈を加えた書物が刊行されています。ドイツ語の Kommentar に由来するもので，コンメンタールとよばれています。近年，以下のような注釈書が刊行されています。くわしく学びたい場合には，図書館で参照してみてください。

コンメンタールの例

『注釈日本国憲法』（有斐閣）（2017 年刊行開始。全 4 巻）
『新注釈民法』（有斐閣）（2017 年刊行開始。全 20 巻）
『注釈刑法』（有斐閣）（2010 年刊行開始。全 3 巻）
『会社法コンメンタール』（商事法務）（2008 年刊行開始。全 22 巻）

(2) 紀　要

研究者の論文はしばしば紀要に掲載されています。紀要とは，大学の法学部などの研究組織が年間に数冊程度公刊している学術誌で，その組織に所属するスタッフが中心になって執筆しています（一般の書店で売られていないことが多いので，大学の図書館で探して読むことをお勧めします）。

紀要の例

北大法学論集（北海道大学），法学（東北大学），法学協会雑誌（東京大学），国家学会雑誌（東京大学），名古屋大学法政論集（名古屋大学），法学論叢（京都大学），阪大法学（大阪大学），法政研究（九州大学）

Q | 30
question

テキスト学習がどこまで身についたか
試してみたいのですが？

A 1つの方法は，演習問題を解くことです。その際には，
answer 問題を前にして，独力でトライすることをお勧めします。その後に，演習書の解説を見てもいいのですが，できれば，もう少しがまんを続けて下さい。具体的には，わからなかった点を中心に，利用しているテキストを参照して，解答を補充する作業を行うのがいいと思います。そのうえで，演習書の解説を見て下さい。自分が思い違いをしていなかったか，足りない部分はどこであったのかを探して確認した後で，テキストの該当箇所に戻り，理解の足りなかった部分を集中して読み返して下さい。単純に理解が足りない場合もあれば，（これが重要ですが）テキストでわかったと思っていた箇所について，演習問題により異なった観点から問われて，改めて記述の意味に気づくこともあります。このように，自己の理解をゆすぶって刺激を与える点に，演習問題の有用性が認められます。

演習問題はどこに求めればよいのでしょうかといった質問を学生から受けます。探し方には，いくつかの方法があります。1つには，法律雑誌には毎号，演習問題が出ていますから，それを参考にする手法があります。たとえば，『法学教室』（有斐閣）という学習雑誌には，憲法，行政法，民法，商法，民事訴

訟法，刑法，刑事訴訟法の7科目について，演習問題が見開き2頁で毎号掲載されています。まとまって練習をしたいのであれば，今年度のものにこだわらずに，前年度の1年分を図書館で閲覧・複写して利用するといいと思います。最近では，演習欄を1年分，1冊にまとめたものが出版されています（写真の法学教室編集室編『問題演習 基本七法』（有斐閣））。

大学の図書館に法律雑誌のデータベースが入っていれば，該当頁をパソコン上で閲覧・印刷することも可能です。法学教室は代表的な法学データベースに入っていますので，図書館の相談窓口でその所在や利用法を尋ねて下さい。私も学生時代，大学院入試の受験勉強の折に，芦部信喜先生が出題・解題されていた法学教室の憲法の演習問題を1年分ていねいに解いて，たいへん勉強になった思い出があります。もっとも，東京大学の試験会場で監督者に樋口陽一先生のお姿を見つけたときには，天を仰ぎました。

　演習問題の探し方の2つめとして，法律雑誌のほかにも，単著や共著の演習書が出版されています。分量や設問のスタイルもさまざまですから，気に入ったものを利用して下さい。

　3つには，最近では，大学が定期試験の過去問（さらには解

答のポイントなどの解題まで付したもの）を学生の自習用に大学内のサイト上で閲覧できるようにしていたり，冊子にして配布している例もあります。たとえば，学習院大学では，『法学部の試験』や『法科大学院の試験』といった冊子にして，毎年無料で学生に配布しています（これには，担当教員の解題も付いていて，たいへん好評です）。

4つには，よく練られた演習問題として，国家試験の問題を利用することをお勧めします。とくに**有用なのが，司法試験予備試験の論文式問題です**。司法試験の問題は，実力のある先生方が時間と労力をかけて作成しているため，よく練られた良問が多く見られます。また，予備試験という性格上，本試験の論文式試験問題ほど内容が複雑ではなく，素直な出題が多いように思います。設定された解答時間も，テキスト学習の成果の確認用に向いています。予備試験の過去問は，法務省のホームページ（＊）で閲覧し，印刷することができます。そこには，出題の趣旨も公表されていますので，「自分で説いた後に」参考にするといいと思います。ここでも，復習の過程で自分のテキストの参照は忘れないで下さい。なお，いっそうくわしい解説が見たい場合には，受験雑誌に解説が載っていますから，図書館で該当号を見つけて参照するといいと思います。司法試験受験生に限らず，予備試験問題の利用を広くお勧めします。

＊法務省「司法試験予備試験の実施について」
　http://www.moj.go.jp/jinji/shihoushiken/jinji07_00026.html

演習問題へのアプローチ

「演習問題では解答を全て書かなければいけませんか？ 時間が足りません」といった相談を受けることがあります。書いてみる練習はとても大切ですから，積極的に挑戦してほしいと思います。その理由は，わかったと思うことと自分で表現できることとの間には，想像以上の距離があるからです（Q25も参照）。ただし，あわてて書き散らすのでは，せっかくの練習を活かすことができません。数にこだわることなく，書いたものをていねいに見直す時間を充分にとることが大切です。もっとも，そうした方法をとるとしても，時間に限りがあります。質問者は，そのような葛藤を抱えているのだと思います。

そこでひとつの提案は，問題を読んで，20分くらいの時間のなかで何を書くか，方針を立てる練習をするとよいと思います。具体的な方法は，白紙を横に置いて，解答すべき事項を自分で考え，箇条書きでタイトルやキーワードだけを並べてみるのです（解答文を書かないことがポイントです）。こうして自分の構想表を作成したうえで，演習書の解説を読み，自分の方針が合っていたのか，どこが漏れていたのかに注意して，気づかなかった箇所を中心にテキストを読み返すといった勉強法です。私自身の経験でも，いろいろな試験を受けましたが，勝負は最初の20分程度で決まってしまうように思います。書いている最中に新しいアイディアが出てくることはありませんでした。最初に方針を立てたならば，書き忘れがないように，あとはせっせと筆記作業に没頭すればいいのです。

このように，問題に接した最初の段階で問題の輪郭を直観的に把握でき，方針を立てられるようになることを目標としてください。

　法学部の学生が卒業までに手にする法学テキストは，相当数に上ります。テキストは，法律学の学習で中心に位置しています。にもかかわらず，「テキストをうまく利用できない」という学生の声を耳にします。こうした悩みは昔からみられるものです。

　本書は，私自身の経験を基礎としています。法律学を学び始めたみなさんに，肩の力を抜いて目を通してほしいと願って執筆しました。テキストの利用など，一見したところ，単純な技術のように思うかもしれません。しかし，テキストをうまく使えるようになると，不思議と法律学の理解が深まります。逆に，法律学の理解が進むと，テキストはその輝きを増します。実感として，法学テキストの読み方の中に，法律学のエッセンスが詰まっていると思います。みなさんがお気に入りのテキストと出会って，法律学と親しむことができるよう期待しています。

　本書の企画は，法学テキストをめぐる会話の中から自然と生まれました。有斐閣書籍編集部の佐藤文子さんのお勧めがなければ，執筆する勇気をもてなかったように思います。有斐閣のみなさんのご支援に心からお礼申し上げます。

2020 年 3 月

大 橋 洋 一

写真掲載書籍一覧

24 頁　理解度に応じた段階的学習（民法 債権総論篇）

左から，山本敬三『民法の基礎から学ぶ民法改正』（岩波書店・2017 年），山本敬三監修／栗田昌裕＝坂口甲＝下村信江＝吉永一行『民法 4 債権総論』（有斐閣・2018 年），中田裕康『債権総論〔第 3 版〕』（岩波書店・2013 年）

27 頁　テキストの厚さ比べ！（民事訴訟法篇）

左から，上原敏夫＝池田辰夫＝山本和彦『民事訴訟法〔第 7 版〕』（有斐閣・2017 年），長谷部由起子『民事訴訟法〔第 3 版〕』（岩波書店・2020 年），新堂幸司『新民事訴訟法〔第 6 版〕』（弘文堂・2019 年）

30 頁　単著と共著（憲法篇）

左から，芦部信喜／高橋和之補訂『憲法〔第 7 版〕』（岩波書店・2019 年），佐藤幸治『日本国憲法論』（成文堂・2011 年），野中俊彦＝中村睦男＝高橋和之＝高見勝利『憲法Ⅰ・Ⅱ〔第 5 版〕』（有斐閣・2012 年）

33 頁　紙のテキストと電子版テキスト

大橋洋一『行政法Ⅰ 現代行政過程論〔第 4 版〕』（有斐閣・2019 年）

85 頁　同じ著者のテキストによるステップアップ学習（行政法篇）

左から，藤田宙靖『行政法入門〔第 7 版〕』（有斐閣・2016 年），藤田宙靖『新版 行政法総論 上・下』（青林書院・2020 年）

著者紹介

大橋 洋一 （おおはし　よういち）

1959年　静岡県静岡市生まれ
1988年　東京大学大学院法学政治学研究科修了（法学博士）
現　在　学習院大学法務研究科教授，九州大学名誉教授
〈主要著書〉
『社会とつながる行政法入門』（有斐閣，2017年）
『行政法Ⅰ　現代行政過程論［第4版］』（有斐閣，2019年）
『行政法Ⅱ　現代行政救済論［第3版］』（有斐閣，2018年）
『行政法判例集Ⅰ　総論・組織法［第2版］』（共編著，有斐閣，2019年）
『行政法判例集Ⅱ　救済法［第2版］』（共編著，有斐閣，2018年）

法学テキストの読み方

2020年4月30日　初版第1刷発行

著　者　大橋洋一

発行者　江草貞治

発行所　株式会社　有斐閣

郵便番号 101-0051
東京都千代田区神田神保町 2-17
電話 (03) 3264-1314［編集］
　　 (03) 3265-6811［営業］
http://www.yuhikaku.co.jp/

印　刷　株式会社理想社
製　本　牧製本印刷株式会社

©2020, Yoichi Ohashi.
Printed in Japan
落丁・乱丁本はお取替えいたします。
★定価はカバーに表示してあります。
ISBN978-4-641-12616-9

JCOPY 本書の無断複写（コピー）は，著作権法上
での例外を除き，禁じられています。複写される場
合は，そのつど事前に（一社）出版者著作権管理機構
（電話03-5244-5088，FAX03-5244-5089，e-mail:info@
jcopy.or.jp）の許諾を得てください。

本書のコピー，スキャン，デジタル化等の無断複製は著作権法上での例外を除き禁じられています。本書を代行業者等の第三者に依頼してスキャンやデジタル化することは，たとえ個人や家庭内での利用でも著作権法違反です。